Passwort Deutsch

Ausgabe in drei Bänden

Kursbuch

1

Ernst Klett Sprachen

Stuttgart

Impressum

Autoren:	Ulrike Albrecht, Dorothea Dane, Christian Fandrych (Systematische Grammatik), Gaby Grüßhaber, Uta Henningsen, Angela Kilimann, Renate Köhl-Kuhn
Zeichnungen:	Dorothee Wolters
Fotografie:	Jürgen Leupold

Projektteam Klett Edition Deutsch

Konzeption:	Jürgen Keicher
Layout/Herstellung:	Andreas Kunz
Satz:	media office GmbH, Kornwestheim Markus Dollenbacher, Stuttgart

Wir danken den Kolleginnen und Kollegen vom Außendienst und vom internationalen Vertrieb sowie ihren und unseren zahlreichen Gesprächspartnern für die wertvollen Anregungen aus der Praxis.

1. Auflage A1 5 4 3 2 1 | 2009 2008 2007 2006 2005

Alle Drucke dieser Auflage können nebeneinander benutzt werden, sie sind untereinander unverändert.

Copyright:	© Ernst Klett Sprachen GmbH, Stuttgart 2005 Alle Rechte vorbehalten.
Druck:	Wachter GmbH, Bönnigheim Printed in Germany
Internetadressen:	www.passwort-deutsch.de www.klett-edition-deutsch.de
E-Mail:	info@passwort-deutsch.de edition-deutsch@klett.de

ISBN: 3-12-**675910**-6

ISBN 3-12-675910-6

9783126759106

Was ist Passwort Deutsch?

Unabhängig davon, welche Erfahrungen Sie bisher gesammelt haben und ob Sie im In- oder Ausland Deutsch lehren oder lernen – **Passwort Deutsch** ist das richtige Lehrwerk für Sie:

Passwort Deutsch bietet Ihnen einen direkten Zugang zur deutschen Sprache, zu Land und Leuten, zu Kultur und Kommunikation. Gezeigt wird die moderne Lebenswirklichkeit von Personen und Figuren an verschiedenen Schauplätzen in den deutschsprachigen Ländern.

Passwort Deutsch ist transparent, pragmatisch und kleinschrittig. Sie wissen an jeder Stelle, was Sie warum machen, und haben alles, was Sie zur Bewältigung der Aufgaben brauchen. Die gleichmäßige Progression passt sich dem individuellen Lernrhythmus an.

Passwort Deutsch begleitet Sie in drei Bänden durch die gesamte Grundstufe. Band 3 bereitet auf das *Zertifikat Deutsch* und auf den Übergang in die Mittelstufe vor.

Passwort Deutsch integriert kommunikative, interkulturelle und handlungsorientierte Sprachvermittlungsmethoden. Ein ausgewogenes Fertigkeitentraining ist in diesem Zusammenhang genauso wichtig wie eine konsequente Wortschatz- und Grammatikarbeit.

Passwort Deutsch ist leicht zugänglich, effizient und motivierend. Mit dem Kurs- und dem Übungsbuch, einem umfassenden Internet-Angebot sowie weiteren attraktiven Lehrwerkkomponenten stehen Ihnen viele Materialien und Medien zur Verfügung.

Passwort Deutsch führt von Stufe A1 bis zum Niveau B1 des Gemeinsamen europäischen Referenzrahmens für Sprachen und entspricht damit den europaweiten Referenzniveaus zur Erfassung von Sprachkompetenz.

Viel Erfolg und viel Spaß in der Praxis wünschen Ihnen

Autoren und Verlag

Inhaltsverzeichnis

Kursbuch		Inhalte	Grammatik	
Lektion 1	➤ **Guten Tag** ➤ Die Welt ➤ Mitten in Europa ➤ Ein Zug in Deutschland ➤ Auf Wiedersehen ➤ Im Deutschkurs ➤ Grammatik	Kennenlernen, Begrüßung und Vorstellung • Länder und Produkte • das Alphabet • *woher, wo, wohin?* • Zahlen bis 100 • sich verabschieden **Aussprache:** Satzakzent; lange und kurze Vokale (*a, e, i, o, u*)	Präsens: Konjugation, Vokalwechsel *a* ➔ *ä, sein* • Personalpronomen • Imperativ mit *Sie* • Verbposition: Aussagesatz, Fragesatz, Imperativ-Satz	10
Lektion 2	➤ **Bilder aus Deutschland** ➤ Eine Stadt, ein Dorf ➤ Die Stadt Frankfurt ➤ In Köln ➤ Im Deutschkurs ➤ Grammatik	über Orte sprechen • Menschen und Dinge beschreiben • Zahlen ab 100 • *wie hoch, wie alt, wie viele?* **Aussprache:** Wortakzent	Nomen: unbestimmter, bestimmter Artikel; Singular/Plural • Negation: *nicht, kein* • *sein* + Adjektiv • Präsens: *wissen*	22
Lektion 3	➤ **Meine Familie und ich** ➤ Die Hobbys von Frau Mainka ➤ Das Formular ➤ Montag, 9 Uhr, Studio 21 ➤ Ein Brief aus Tübingen ➤ Im Deutschkurs ➤ Grammatik	Angaben zur Person • Interviews machen • Aktivitäten und Hobbys • ein Formular • Uhrzeit (offiziell) • Wochentage • ein Brief • Verwandtschaftsbezeichnungen **Aussprache:** lange und kurze Vokale (*ä, ö, ü*)	Possessivartikel • Präsens: *haben,* trennbare Verben • Modalverben: *möcht-* • Satzklammer: zweiteilige Verben, trennbare Verben, Modalverben	34
Lektion 4	➤ **Der Münsterplatz in Freiburg** ➤ Foto-Objekte ➤ Eine Freiburgerin ➤ Das Münster-Café ➤ Am Samstag arbeiten? ➤ Im Deutschkurs ➤ Grammatik	Aktivitäten in der Stadt • haben und brauchen • Lebensmittel • bestellen • bezahlen • Preise • Einkäufe **Aussprache:** Satzakzent	Akkusativ: unbestimmter, bestimmter Artikel, *keinen* • Präsens: Vokalwechsel *e* ➔ *i* • Modalverben: *können, müssen* • Satzklammer: Modalverben • Pronomen: *man*	46

Inhaltsverzeichnis

Kursbuch		Inhalte	Grammatik	
Lektion 5	➤ **Leute in Hamburg** ➤ Ein Stadtspaziergang ➤ Der Tag von Familie Raptis ➤ Früher und heute ➤ Eine Spezialität aus Hamburg ➤ Jetzt kennen Sie Leute in Hamburg! ➤ Grammatik	Berufe • Aktivitäten in der Stadt • Tagesabläufe • über Vergangenes sprechen • kochen und essen **Aussprache:** *ei – ie*	Präpositionen: *auf, in* + Akkusativ • Akkusativ: Possessivartikel, Personalpronomen • Präteritum: *haben, sein, es gibt* • *für, ohne* + Akkusativ	**58**
Lektion 6	➤ **Ortstermin: Leipzig** ➤ Das Klassentreffen ➤ Treffpunkt Augustusplatz ➤ Stadtspaziergang durch Leipzig ➤ Jahrgang „19 hundert 72" ➤ Kommen und gehen ➤ Grammatik	ein Treffen planen • über vergangene Aktivitäten sprechen • eine Postkarte • Informationen über eine Stadt verstehen • Jahreszahlen • Lebensläufe • Uhrzeit (inoffiziell) **Aussprache:** unbetontes *e*	Perfekt: mit *haben* und *sein* • Satzklammer: Perfekt	**70**
Lektion 7	➤ **Ein Hotel in Salzburg** ➤ Arbeit und Freizeit ➤ Unterwegs nach Salzburg ➤ An der Rezeption ➤ Im Speisesaal ➤ Wolfgang Amadeus Mozart ➤ Grammatik	im Hotel • Tagesabläufe im Hotel • Wetter- und Reiseberichte • Zimmerreservierung • Personenbeschreibungen • ein Lexikonartikel • ein Kanon **Aussprache:** trennbare und untrennbare Verben	Perfekt: trennbare Verben, untrennbare Verben, Verben auf *-ieren* • Satzklammer: Perfekt • Dativ: bestimmter, unbestimmter Artikel, Possessivartikel • *mit* + Dativ	**82**
Lektion 8	➤ **Projekt: Nürnberg – unsere Stadt** ➤ Straßen und Plätze in Nürnberg ➤ Im Atelier für Mode und Design ➤ Im Lebkuchenhaus ➤ Projekte präsentieren ➤ Grammatik	Unterrichtsprojekte planen und durchführen • Orientierung in der Stadt • Kleidung einkaufen • Farben, Größen • Gedichte schreiben **Aussprache:** *m – n*	*an, auf, in* + Akkusativ oder Dativ • *welch-* • Modalverben: *wollen, dürfen* • Satzklammer: Modalverben	**94**

Inhaltsverzeichnis

Kursbuch

		Inhalte	Grammatik	
Lektion 9	➤ **Eine Stadt im Drei-ländereck: Basel** ➤ Stadt und Land ➤ Pendeln – aber wie? ➤ Arbeiten in Basel ➤ Basel international ➤ Aus der Basler Zeitung ➤ Grammatik	argumentieren und ver-gleichen • Stadt- und Landleben • Verkehrs-mittel • in der Arbeits-welt • Nationalitäten und Sprachen • Zeitungs-nachrichten **Aussprache:** *sch, st* und *sp*	Komparativ und Super-lativ • *aus, bei, von, zu* + Dativ • Personal-pronomen: Dativ	**106**
Lektion 10	➤ **Glückaufstraße 14, Bochum** ➤ Die Zeche Helene ➤ Zwei Biografien ➤ Lebensmittel Alak ➤ Meinungen über das Ruhrgebiet ➤ Wohnungssuche im Ruhrgebiet ➤ Grammatik	über Häuser und Woh-nungen sprechen • über Vergangenes sprechen • Mengenangaben • Lebens-mitteleinkäufe • ein Fest organisieren • Meinungen äußern • Wohnungs-anzeigen **Aussprache:** Intonation	Präteritum: Modalverben *können, müssen, wollen, dürfen* • Satzklammer: Modalverben • Neben-sätze: *dass, weil*	**118**

Anhang   130

Systematische Grammatik   131
Liste der Verben   157
Alphabetische Wortliste   160

Was bietet Passwort Deutsch?

Kursbuch: Zehn gleichmäßig aufgebaute Lektionen à 12 Seiten • Alles für die gemeinsame Arbeit im Kurs • Vermittlung von Wortschatz und Grammatik • Aufbau der sprachlichen Fertigkeiten • Rubrik *Im Deutschkurs* für die Kurskommunikation • Grammatikübersicht am Ende jeder Lektion

Anhang: Übersichten zum Nachschlagen • Unterstützung bei der Vor- und Nachbereitung des Unterrichts • Systematische Grammatik • Verbliste • Alphabetische Wortliste

Übungsbuch: Zu jeder Kursbuchlektion eine Übungsbuchlektion à 16 Seiten • Vielfältiges Angebot zur Festigung und Erweiterung des im Kurs Erlernten • Binnendifferenzierung im Unterricht • Hausaufgaben • Selbstständiges Wiederholen • Lösungen zu den Übungen

Hörmaterialien: CDs mit den Hörtexten des Kursbuches • Mit Sprechern aus Deutschland, Österreich und der Schweiz • Authentische regionale Varietäten • Integrierte Aussprache-Übungen

Wörterheft: Der komplette Wortschatz der Kursbuchlektionen • Mit Kontexten und Illustrationen • Markierung des Wortakzentes • Zertifikatswortschatz besonders hervorgehoben • Platz zum Eintragen der muttersprachlichen Entsprechungen

Lehrerhandbuch: Hinweise und Vorschläge zur Unterrichtsgestaltung • Tipps und Spiele • Kopiervorlagen und Tests • Transkriptionen der Hörtexte • Lösungen der Kursbuchaufgaben

Alltag in Deutschland: Sammlung von Alltagsrealien • Neun lebensnahe Themenbereiche • Nützliche Sprachmuster • Einfache und handlungsorientierte Aufgaben • Weiterführende Internetadressen • Besonders geeignet für Lerner mit geringen Sprachkenntnissen • Auch lehrwerksunabhängig einsetzbar (ISBN 3-12-675795-2)

Der Vorkurs: Kurstragendes Lehr- und Übungsbuch für ca. 80 Unterrichtseinheiten • Kompetenzaufbau für Lernende mit geringer Sprachlernerfahrung • Rechtschreibung, Aussprache, erste grammatische Strukturen, Wortschatzarbeit, Lernstrategien (ISBN 3-12-675790-1)

www.passwort-deutsch.de: Innovatives Online Angebot zu Passwort Deutsch • Online-Aktivitäten, Zusatzaufgaben, landeskundliche Informationen • Spiele und Projektideen • Tipps zum Deutschlernen mit dem Internet • Erfahrungsaustausch für Lehrende • Lernerautonomie durch interkulturellen Kontakt und Austausch • Aktuelle Hinweise

Arbeiten mit Passwort Deutsch

Kursbuch

Alles, was Sie für das Kursgeschehen brauchen.
Vorschläge für den Ablauf und dafür, welche Sozial- und Arbeitsformen sich für die einzelnen Aufgaben eignen, finden Sie im Lehrerhandbuch.

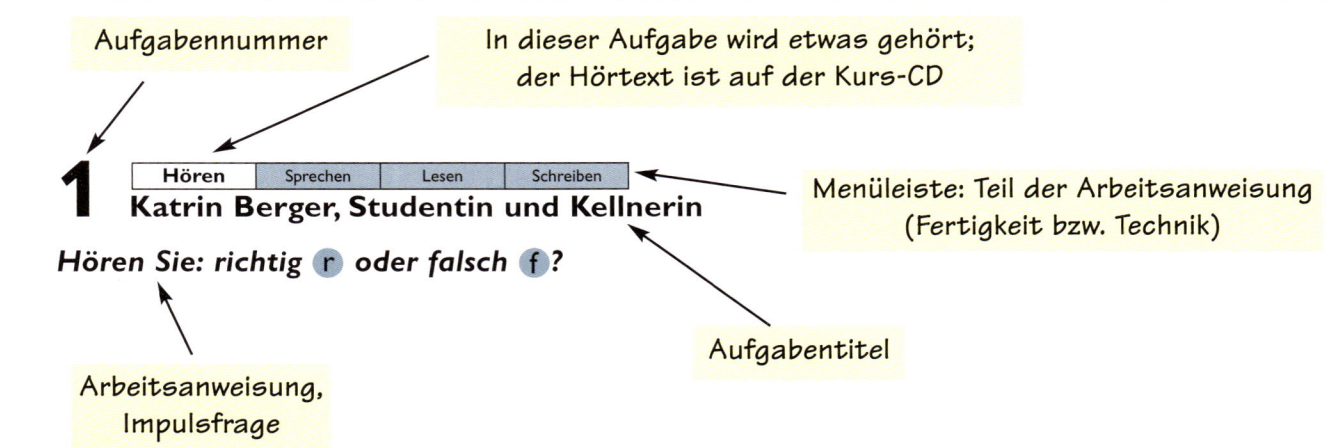

Aufgabennummer

In dieser Aufgabe wird etwas gehört;
der Hörtext ist auf der Kurs-CD

1 | Hören | Sprechen | Lesen | Schreiben |
Katrin Berger, Studentin und Kellnerin

Hören Sie: richtig **r** *oder falsch* **f** *?*

Menüleiste: Teil der Arbeitsanweisung
(Fertigkeit bzw. Technik)

Aufgabentitel

Arbeitsanweisung,
Impulsfrage

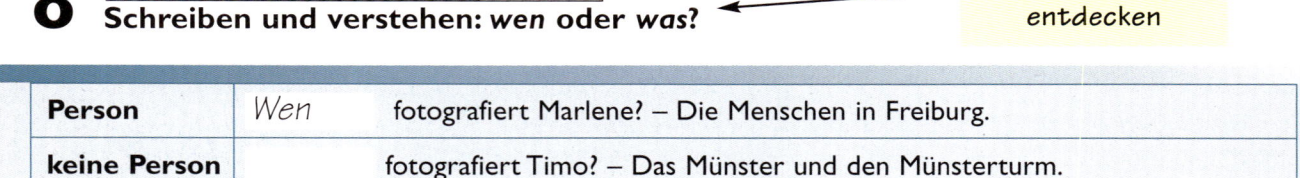

8 | Hören | Sprechen | Lesen | **Schreiben** |
Schreiben und verstehen: *wen* **oder** *was***?**

Grammatik selbst
entdecken

| Person | *Wen* | fotografiert Marlene? – Die Menschen in Freiburg. |
| keine Person | | fotografiert Timo? – Das Münster und den Münsterturm. |

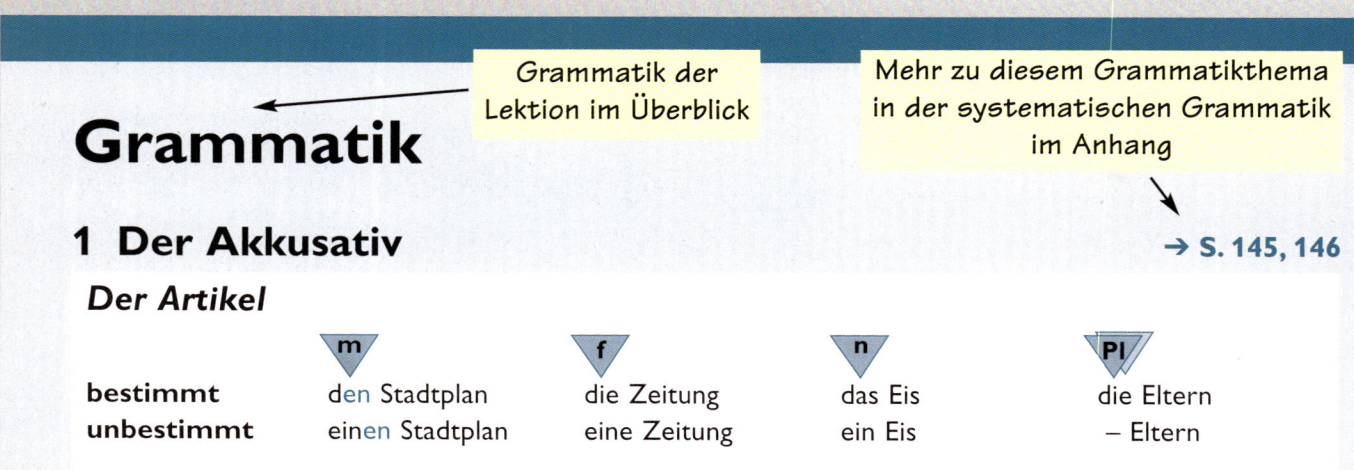

Grammatik der
Lektion im Überblick

Mehr zu diesem Grammatikthema
in der systematischen Grammatik
im Anhang

Grammatik

1 Der Akkusativ
→ S. 145, 146

Der Artikel

	m	**f**	**n**	**Pl**
bestimmt	d**en** Stadtplan	die Zeitung	das Eis	die Eltern
unbestimmt	ein**en** Stadtplan	eine Zeitung	ein Eis	– Eltern

6

Hören	Sprechen	Lesen	Schreiben

Hören und sprechen: der Satzakzent

a) Hören Sie den Dialog.

In den Lektionsablauf integrierte
Aussprachenübungen; der Hörtext
ist auf der Kurs-CD

Im Deutschkurs

Alles, was Sie für die Kommunikation im
Kurs brauchen.
Die hier präsentierten Inhalte werden in
den folgenden Lektionen vorausgesetzt.

1

Hören	Sprechen	**Lesen**	Schreiben

Pablo lernt Deutsch

Pablo hat viele Fragen. Können Sie antworten?

1. „Computer": Wie heißt das auf Deutsch?
2. Wie spricht man das aus: 18,95 €?

Übungsbuch

Alles, was Sie zur Wiederholung, Erweiterung und Differenzierung des im Kurs Erlernten verwenden können.
Alle Übungen sind auch für Hausaufgaben oder zum selbstständigen Lernen geeignet; der Lösungsschlüssel
im Anhang erlaubt auch die Selbstkontrolle.

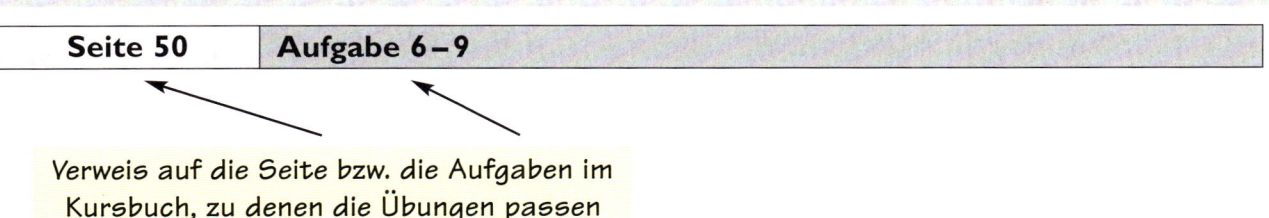

Seite 50	Aufgabe 6–9

Verweis auf die Seite bzw. die Aufgaben im
Kursbuch, zu denen die Übungen passen

Lernthema, Arbeitsanweisung

Beispiel: Wie funktio-
niert die Übung?

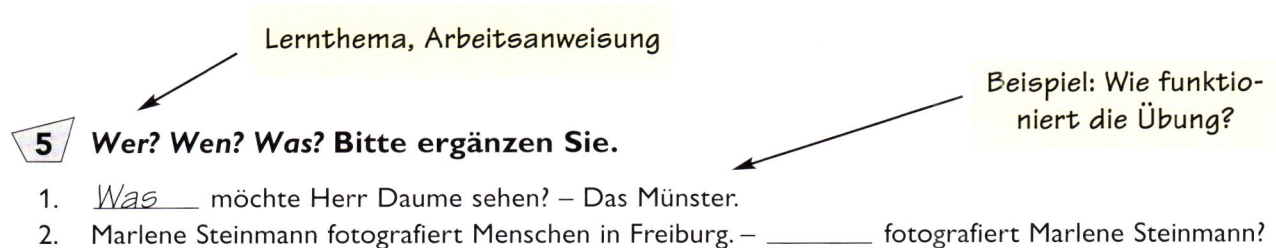

5 *Wer? Wen? Was?* **Bitte ergänzen Sie.**

1. _Was_ möchte Herr Daume sehen? – Das Münster.
2. Marlene Steinmann fotografiert Menschen in Freiburg. – _____ fotografiert Marlene Steinmann?

Guten Tag

Guten Tag!

Hallo!

Auf Wiedersehen!

Woher kommst du?

Ich komme aus Russland.

Tschüs!

1 | Hören | Sprechen | Lesen | Schreiben |

Viele Sprachen. Wo hören Sie Deutsch?

Markieren Sie bitte (X).

a) ☐ b) ☐ c) ☐ d) ☐ e) ☐ f) ☐

2 | Hören | Sprechen | Lesen | Schreiben |

Guten Tag!

Bitte sprechen Sie.

| Hallo! | Guten Morgen! | Guten Tag! |
| Guten Abend! | Auf Wiedersehen! | Tschüs! |

3

| Hören | Sprechen | Lesen | Schreiben |

Wie heißen Sie? Wie heißt du?

a) Hören Sie.

b) Sprechen Sie im Kurs.

Sie		du	
Frage	**Antwort**	**Frage**	**Antwort**
Wie heißen Sie bitte?	Ich heiße …	Wie heißt du?	Ich heiße …
Sind Sie Herr/Frau …?	Ja. Nein, mein Name ist …	Bist du Maria?	Ja. Nein, ich heiße …
Woher kommen Sie?	Ich komme aus …	Woher kommst du?	Aus …
Wo wohnen Sie?	Ich wohne in …	Wo wohnst du?	In …

4

| Hören | Sprechen | Lesen | Schreiben |

Verstehen Sie Deutsch?

Hören Sie die Dialoge und nummerieren Sie.

a) ☐ 1 Guten Tag!
   ☐ Ich komme aus Deutschland.
   ☐ 2 Guten Tag!
   ☐ Woher kommen Sie?

b) ☐ Philipp.
   ☐ Bist du Maria?
   ☐ Nein, ich heiße Nina. Und du?

c) ☐ In Frankfurt.
   ☐ Und wo wohnen Sie?
   ☐ Wie heißen Sie?
   ☐ Mein Name ist Hansen.

d) ☐ Hallo!
   ☐ Aus Deutschland.
   ☐ Hallo! Woher kommst du?

Die Welt

1 Eine Weltkarte

Hören | Sprechen | **Lesen** | Schreiben

Lesen Sie bitte.

Eine Weltkarte. Hier ist Europa.
Wo ist die Schweiz? Wo ist Österreich? Wo ist Deutschland?
Deutschland, Österreich und die Schweiz liegen in Europa.
Hier sprechen viele Menschen Deutsch.
Wohnen Sie auch in Europa? Oder in Asien?
Und woher kommen Sie? Aus Afrika? Aus Amerika oder aus Australien?

2 Die fünf Kontinente

Hören | Sprechen | **Lesen** | **Schreiben**

Suchen Sie im Text.

Europa _____ _____ _____ _____ _____

3 Länder-Alphabet

Hören | **Sprechen** | Lesen | Schreiben

a) *Kennen Sie die Länder? Bitte sprechen Sie.*

A Argentinien **H** Honduras **O** Oman **V** Vietnam
B Belgien **I** Indien **P** Polen **W**
C China **J** Japan **Q** **X**
D Dänemark **K** Kenia **R** Russland **Y**
E Ecuador **L** Luxemburg **S** Spanien **Z** Zypern
F Frankreich **M** Marokko **T** Tunesien
G Großbritannien **N** Norwegen **U** Ungarn Kennen Sie noch mehr Länder?

b) *Hören Sie das Alphabet und sprechen Sie.*

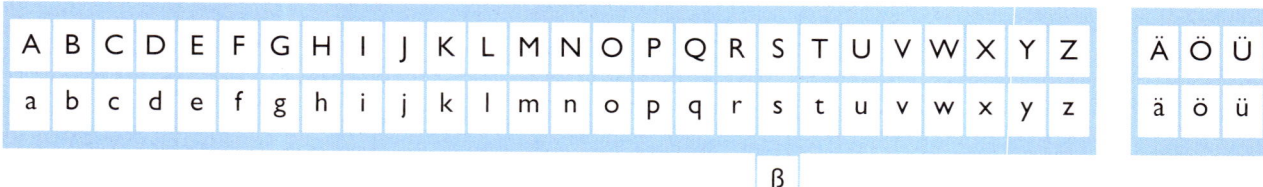

4 Lernen Sie das Alphabet

Hören | **Sprechen** | Lesen | Schreiben

Machen Sie weiter.

▶ a, b, c …
◁ … d, e, f …

5 Länder und Kontinente

Hören | **Sprechen** | Lesen | Schreiben

Wo liegt …?

▶ Wo liegt **A**rgentinien? ◁ In Amerika.
▶ Wo liegt **B**elgien? ◁ In Europa.
▶ Wo liegt **C**hina? ◁ In …

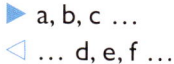

6 | Hören Sprechen Lesen **Schreiben**
Woher kommen die Produkte?

In Deutschland finden Sie ...

Tee

Kaffee

Autos

Fotoapparate

aus China, aus ...   *aus* _____   _____   _____

Wein

Tomaten

Computer

Schokolade

_____   _____   _____   *aus der Schweiz*

Bier

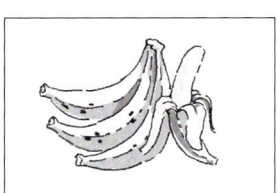

Bananen

Zucker

Zitronen

_____   _____   _____   _____

7 | Hören **Sprechen** Lesen Schreiben
Hören und sprechen: Zucker aus Kuba

a) Hören Sie. Sprechen Sie.

1. ▶ Zucker.   ◁ Zucker? Woher?   ▶ Aus Kuba. Zucker aus Kuba.
2. ▶ Bananen.   ◁ Bananen? Woher?   ▶ Aus Ecuador. Bananen aus Ecuador.
3. ▶ Autos.   ◁ Autos? Woher?   ▶ Aus Japan. Autos aus Japan.

b) Sprechen Sie.

1. Autos – Deutschland
2. Tee – China
3. Tomaten – Spanien

4. Kaffee – ?
5. Wein – ?
6. Zitronen – ?

Mitten in Europa

1 | Hören | Sprechen | **Lesen** | Schreiben |
Wohin fährt der Eurocity?

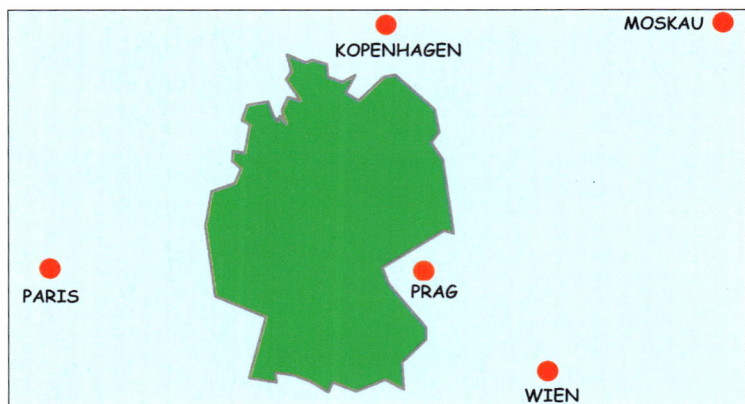

Ein Zug. Ein Eurocity, ein EC.
Wo ist der Zug? In Deutschland.
Woher kommt er?
Aus Kopenhagen?
Oder vielleicht aus Moskau?
Wohin fährt der Zug?
Vielleicht nach Wien? Oder nach Paris?

Deutschland liegt mitten in Europa.
Jeden Tag fahren viele Menschen nach
Norden, nach Süden, nach Osten oder
nach Westen.

2 | Hören | **Sprechen** | Lesen | Schreiben |
Woher kommt der Zug? Wohin fährt er?

a) Suchen Sie im Text.

? ⟶	?	⟶ ?
Woher kommt der Zug?	**Wo** ist der Zug?	**Wohin** fährt der Zug?
_____ Kopenhagen.	_____ Deutschland.	_____ Wien.

b) Bitte kombinieren Sie.

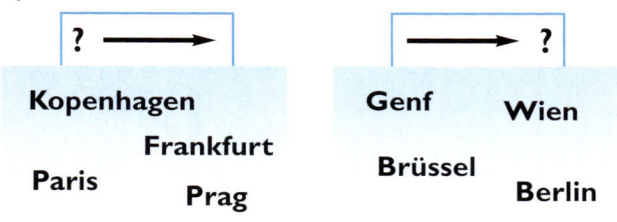

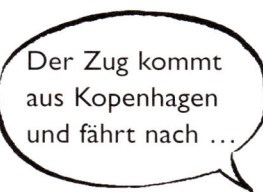

Der Zug kommt
aus Kopenhagen
und fährt nach …

3 | Hören | Sprechen | Lesen | Schreiben |
Hören und sprechen: Fahren Sie nach Wien?

a) Hören Sie Beispiele.

▶ Woher kommt der Zug?   ◁ Er kommt aus Moskau.
▶ Fährt er nach Brüssel?   ◁ Nein, nach Paris.

b) Bitte hören Sie: Punkt (.) oder Fragezeichen (?). Sprechen Sie.

1. Fahren Sie nach Wien ☐?   4. Der EC fährt nach Kopenhagen ☐
2. Ich komme aus Luxemburg ☐   5. Sind Sie Herr Hansen ☐
3. Ich wohne in Berlin ☐   6. Woher kommst du ☐

Ein Zug in Deutschland

1 | Hören | Sprechen | **Lesen** | Schreiben |
Situationen

a

Das ist Martin Miller aus Australien. Er arbeitet in Deutschland und reist sehr viel. Heute fährt er nach Köln, morgen vielleicht nach Leipzig, nach Frankfurt oder nach Hannover. Er ist Journalist.

Frau Mohr wohnt in Berlin. Sie reist auch sehr viel. Heute fährt sie nach Brüssel.

b) Richtig r oder falsch f ?

1. Martin Miller kommt aus Australien. _____ r f
2. Frau Mohr fährt nach Berlin. _____ r f

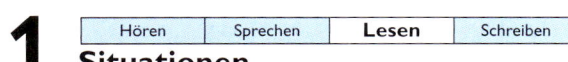

Frau Schmidt kommt aus Dortmund. Sie schläft. Lisa und Tobias schlafen nicht, sie spielen Karten. Frau Schmidt, Lisa und Tobias fahren nach Italien. Sie machen Urlaub.

a) Richtig r oder falsch f ?

1. Frau Schmidt kommt aus Italien. _____ r ✗
2. Lisa und Tobias fahren nach Dortmund. _____ r f

b

Das sind Anna und Thomas. Sie wohnen in Bremen. Anna kommt aus Polen und lernt in Bremen Deutsch. Sie versteht schon ein bisschen Deutsch. Thomas und Anna fahren nach Süddeutschland.
Und das ist Marlene Steinmann. Sie ist Fotografin. Sie fährt nach Köln.

c) Richtig r oder falsch f ?

1. Anna wohnt in Bremen. _____ r f
2. Thomas und Anna fahren nach Polen. _____ r f

2 | Hören | Sprechen | Lesen | **Schreiben** |
Schreiben und verstehen: Pronomen

Frau Schmidt kommt aus Dortmund.	_Sie_	schläft.
Martin Miller ist aus Australien.		arbeitet in Deutschland.
Frau Mohr wohnt in Berlin.		reist sehr viel.
Anna und Thomas wohnen in Bremen.		fahren nach Süddeutschland.

3 | Hören | **Sprechen** | Lesen | Schreiben |

Wer?

Fragen und antworten Sie.

▶ Wer wohnt in Berlin? ◁ Frau Mohr wohnt in Berlin.
▶ Wer fährt nach Italien? ◁ Frau Schmidt, Lisa und Tobias fahren nach Italien.

Wer reist viel? Wer arbeitet in Deutschland? Wer kommt aus Australien?
Wer schläft? Wer schläft nicht? Wer fährt nach Köln?
Wer macht Urlaub? Wer kommt aus Dortmund? …

4 | Hören | Sprechen | Lesen | **Schreiben** |

Schreiben und verstehen

	kommen, wohnen	fahren, schlafen
er • sie (Singular)	Frau Schmidt komm *t* aus Dortmund.	Herr Miller f ä hr nach Leipzig. Frau Schmidt schl ä f .
sie (Plural)	Lisa und Tobias wohn in Dortmund.	Anna und Thomas fahr nach Süddeutschland. Lisa und Tobias schlaf nicht.

5 | Hören | Sprechen | Lesen | **Schreiben** |

Wer macht was?

schlafen lernen fahren ~~arbeiten~~ verstehen spielen
reisen spielen machen schlafen fahren ~~kommen~~

1. Martin Miller *kommt* nicht aus Deutschland, aber er *arbeitet* in Deutschland.
2. Frau Schmidt _____ nicht Karten, sie _____.
3. Lisa und Tobias _____ Karten, sie _____ nicht.
4. Frau Mohr _____ viel, aber sie _____ nicht nach Köln.
5. Anna _____ Deutsch, und sie _____ schon ein bisschen.
6. Lisa und Tobias _____ nicht nach Dortmund, sie _____ in Italien Urlaub.

6 | **Hören** | **Sprechen** | Lesen | Schreiben |

Hören und sprechen: kurz oder lang?

a) Hören Sie lange und kurze Vokale.

	a	e	i	o	u
kurz	machen	Westen	nicht	kommen	Russland
lang	fahren	Bremen	spielen	wohnen	Zug

b) Hören und markieren Sie kurz (•) oder lang (–). Sprechen Sie.

1. Banane – Land – lernen – lesen – hier – mitten – Marokko – Polen – du – Zucker
2. liegen – und – hallo – Tee – wo

1

sechzehn
16

7 Dialog im Zug

Was fehlt?

Marlene Steinmann	Wohin fahrt ihr?
Thomas	Nach München. Und du?
Marlene Steinmann	Nach *Köln*_____. Kommt ihr aus _____?
Thomas	Nein, wir kommen aus _____.
Anna	Ich komme aus Rzeszów.
Marlene Steinmann	Wie bitte? Woher kommst du?
Anna	Aus Rzeszów, aus _____. Ich spreche leider nicht gut Deutsch.
Marlene Steinmann	Ah ja. Was macht ihr in _____?
Thomas	Wir machen Urlaub. Und dann fahren wir noch nach _____.

8 Schreiben und verstehen

	kommen	fahren
ich (Singular)		*fahre*
wir (Plural)		
du (Singular)		*fährst*
ihr (Plural)		

9 Sätze

Bitte sprechen Sie.

ich   du
wir   er   sie
ihr   Sie   sie

heißen   fahren
spielen   arbeiten
verstehen
wohnen   reisen
lernen
machen   kommen

Marlene   aus Deutschland
aus Genf   Karten
in Leipzig
Deutsch   in Österreich
Urlaub   nach Japan
nach Moskau

Wir spielen Karten.

Fährst du nach Moskau?

1

Auf Wiedersehen

1 Bis bald!

Hören | Sprechen | Lesen | Schreiben

Hören Sie den Dialog. Bitte ergänzen Sie die Zahlen.

Marlene	Wie heißt ihr eigentlich?
Anna	Ich heiße Anna.
Thomas	Ich heiße Thomas Bauer. Und du?
Marlene	Marlene Steinmann. Hier, das ist meine Karte. Vielleicht kommt ihr einmal nach Köln.
Thomas	Danke, das ist nett. Oder du kommst mal nach Bremen.
Marlene	Ja, vielleicht. Und wo wohnt ihr?
Thomas	Meine Adresse ist Sandhofstraße _____, …
Marlene	Sonthof…
Thomas	Nein, nein. Sandhof: S-a-n-d-h-o-f.
Marlene	Also: Sandhofstraße, Bremen.
Thomas	Ja, _____ Bremen.
Marlene	Gut. Und deine Telefonnummer?
Thomas	_____ _____.
Marlene	_____. Alles klar. Dann noch gute Reise!
Thomas	Danke. Bis bald!
Anna	Tschüs.

A Zahlen von 1 bis 100

Hören | Sprechen | Lesen | Schreiben

Hören und lernen Sie die Zahlen.

0	null	**10**	zehn	**20**	zwanzig	**30**	dreißig
1	eins	**11**	elf	**21**	einundzwanzig	**40**	vierzig
2	zwei	**12**	zwölf	**22**	zweiundzwanzig	**50**	fünfzig
3	drei	**13**	dreizehn	**23**	dreiundzwanzig	**60**	sechzig
4	vier	**14**	vierzehn	**24**	vierundzwanzig	**70**	siebzig
5	fünf	**15**	fünfzehn	**25**	fünfundzwanzig	**80**	achtzig
6	sechs	**16**	sechzehn	**26**	sechsundzwanzig	**90**	neunzig
7	sieben	**17**	siebzehn	**27**	siebenundzwanzig	**100**	hundert
8	acht	**18**	achtzehn	**28**	achtundzwanzig		
9	neun	**19**	neunzehn	**29**	neunundzwanzig		

2 Die Visitenkarte

| Hören | Sprechen | Lesen | **Schreiben** |

a) Ergänzen Sie.

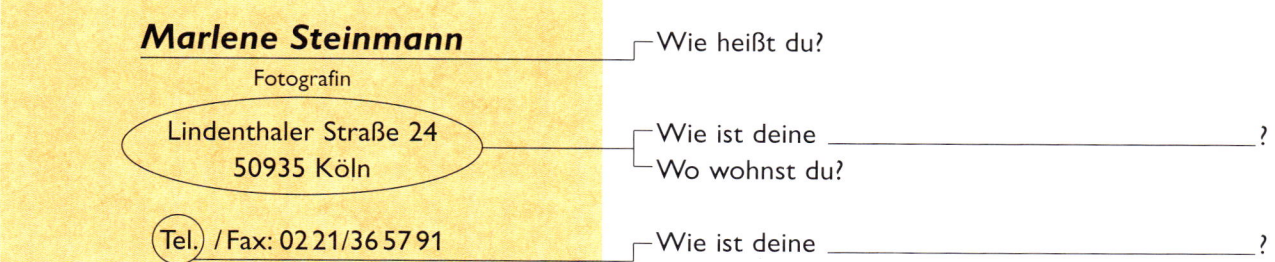

Marlene Steinmann
Fotografin

Lindenthaler Straße 24
50935 Köln

Tel. / Fax: 02 21/36 57 91

⌐Wie heißt du?

⌐Wie ist deine _____ ?
└Wo wohnst du?

⌐Wie ist deine _____ ?

b) Ordnen Sie bitte.

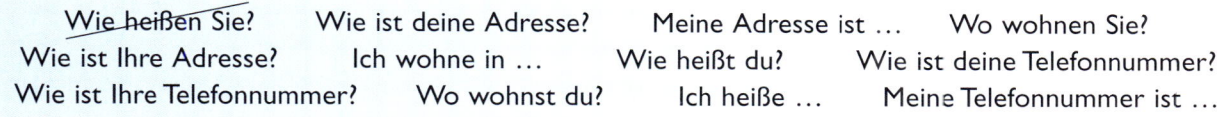

Wie heißen Sie?   Wie ist deine Adresse?   Meine Adresse ist …   Wo wohnen Sie?
Wie ist Ihre Adresse?   Ich wohne in …   Wie heißt du?   Wie ist deine Telefonnummer?
Wie ist Ihre Telefonnummer?   Wo wohnst du?   Ich heiße …   Meine Telefonnummer ist …

Frage „Sie"	Frage „du"	Antwort
1. Wie heißen Sie?		
2.		
3.		
4.		

3 Und jetzt Sie!

| Hören | **Sprechen** | Lesen | Schreiben |

Machen Sie Dialoge im Kurs.

Wie ist Ihre Telefonnummer?

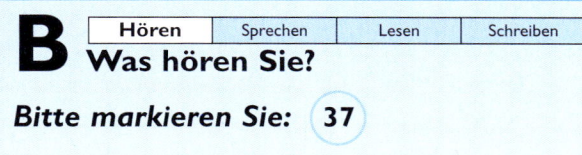
Meine Telefonnummer ist …

B Was hören Sie?

| **Hören** | Sprechen | Lesen | Schreiben |

Bitte markieren Sie: (37)

1) 14   24   94
2) 65   45   56

3) 66   76   67
4) 19   90   9

C Telefonnummern

| Hören | **Sprechen** | Lesen | Schreiben |

Sprechen Sie.

8 81 27 34   **Variante 1:** acht – acht eins – zwei sieben – drei vier
                    Variante 2: acht – einundachtzig – siebenundzwanzig – vierunddreißig

1) 76 93 16   3) 65 98 12   5) 7 73 69 65
2) 5 17 27 36   4) 46 72 53   6) 91 83 47

Im Deutschkurs

1 Verben im Deutschkurs

| Hören | Sprechen | **Lesen** | Schreiben |

Was passt nicht?

hören
lernen   nummerieren
schreiben   fragen   reisen   fahren
wohnen   kombinieren   sprechen
buchstabieren
lesen   markieren   ergänzen
antworten   schlafen   ordnen

2 Was machen Sie im Deutschkurs?

| Hören | **Sprechen** | Lesen | **Schreiben** |

| Hören | | Sprechen | | Lesen | | Schreiben |

| Hören Sie bitte. | Bitte sprechen Sie. | Lesen Sie bitte. | Schreiben Sie. |

Ich *höre* .   Ich _____ .   Ich _____ .   Ich _____ .

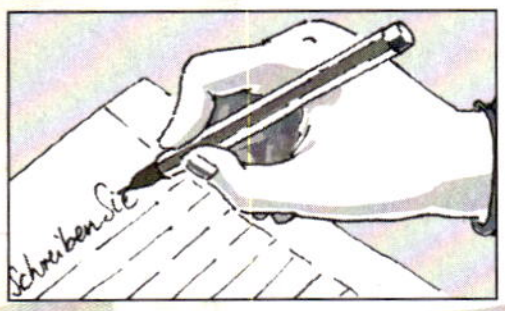

3 Schreiben und verstehen: der Imperativ

| Hören | Sprechen | Lesen | **Schreiben** |

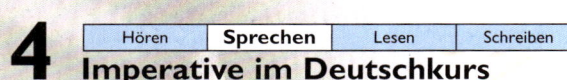

hören	*Hören Sie.*	Ich höre.
schreiben		Ich schreibe.
fragen		Ich frage.

4 Imperative im Deutschkurs

| Hören | **Sprechen** | Lesen | Schreiben |

Lesen Sie die „Verben im Deutschkurs" (Aufgabe 1) noch einmal. Wie heißen die Imperative?

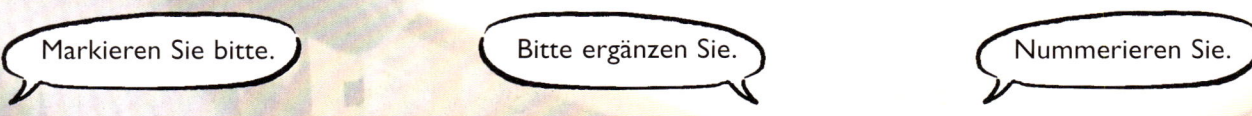

Markieren Sie bitte.   Bitte ergänzen Sie.   Nummerieren Sie.

Grammatik

1 Subjekt und Verb → S. 132

Ich	wohne	in Berlin.
Er	wohnt	in Köln.
Wir	wohnen	in Deutschland.

2 Das Pronomen → S. 149

Das ist Martin Miller.
　　　　Er arbeitet in Deutschland.
Das ist Frau Mohr.
　　　　Sie kommt aus Berlin.
Das sind Anna und Thomas.
　　　　Sie fahren nach München.

3 Das Präsens → S. 138

	komm-en	**fahr-en**	**sein**
ich	komm-e	fahr-e	bin
du	komm-st	fähr-st	bist
er • sie • es	komm-t	fähr-t	ist
wir	komm-en	fahr-en	sind
ihr	komm-t	fahr-t	seid
sie • Sie	komm-en	fahr-en	sind

Achtung: du heißt; du reist; du arbeitest; er arbeitet; ihr arbeitet

4 Die Verbposition → S. 132

Der Aussagesatz

	Position 2	
Ich	wohne	in Berlin.
Das	ist	nett.
Deutschland	liegt	mitten in Europa.
Vielleicht	kommt	ihr einmal nach Köln.
Morgen	fahren	wir nach Österreich.

Regel: Das Verb steht auf Position 2.

Die W-Frage

	Position 2	
Wer	ist	das?
Wie	heißt	sie?
Wo	wohnt	sie?
Woher	kommt	er?
Wohin	fährt	er?
Was	passt?	

Die Ja-/Nein-Frage

Position 1	
Kommt	ihr aus Bremen?
Fährt	Frau Steinmann nach Köln?

Regel: Das Verb steht auf Position 1.

Der Imperativ-Satz

Position 1	
Lesen	Sie.
Hören	Sie.

Bilder aus Deutschland

1 Deutschland von Norden nach Süden

Hören | Sprechen | **Lesen** | Schreiben

a) Bitte lesen Sie.

1 *Ein Hafen, ein Schiff aus Russland*

Das ist der Hafen von Rostock. Das Schiff kommt aus Russland. Von Rostock fahren viele Schiffe nach Norden, z. B. nach Dänemark, und nach Osten, z. B. nach Russland oder nach Polen. Die Stadt Rostock liegt in Norddeutschland.

2 *Eine Autobahn*

Das ist die Autobahn A 40 nach Dortmund. Rechts und links sind Gebäude und Fabriken. Die Region heißt Ruhrgebiet. Hier liegen die Städte Duisburg, Essen, Bochum und Dortmund. Autos, Busse und Lastwagen: Die Autobahnen im Ruhrgebiet sind immer voll.

3 *Ein Bahnhof*

Der Hauptbahnhof von Köln. Er liegt mitten in Köln und ist sehr groß. Jeden Tag fahren viele Züge nach Köln.

b) Bitte ergänzen Sie.

△ _____

◌ _____

◇ *Köln* _____

⬠ _____

▽ _____

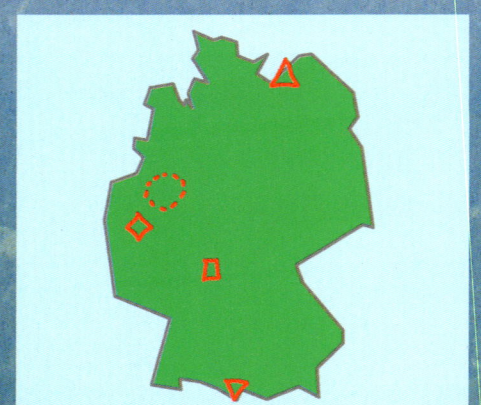

Ein Platz

Ein Rathaus

Ein Platz im Zentrum von Frankfurt, Restaurants und viele Menschen. Die Häuser links sind schon sehr alt. Das Gebäude rechts ist das Rathaus, der „Römer".

Ein Dorf

Ein Dorf, im Zentrum eine Kirche – und Berge, Berge, Berge. Die Alpen liegen in Süddeutschland. Das Dorf heißt Oberstdorf. Es liegt in Bayern.

2

| Hören | Sprechen | **Lesen** | Schreiben |

Ein Hafen? Der Hafen?

Was finden Sie im Text?

ein	eine	der	die	das	
⊗	○	⊗	○	○	Hafen
○	○	○	○	○	Bahnhof
○	○	○	○	○	Kirche
○	○	○	○	○	Autobahn
○	○	○	○	○	Schiff
○	○	○	○	○	Dorf

Was ist das?

Bitte ergänzen Sie.

> das Auto   der Berg   der Hafen   ~~die Straße~~   die Fabrik   die Kirche   der Lastwagen

1. Das ist *eine Straße* .

Die Straße   liegt im Zentrum von Köln.

2. Das ist _____ _____.
_____ _____ fährt nach Berlin.

5. Das ist _____ _____.
_____ _____ liegt im Ruhrgebiet.

3. Das ist _____ _____.
_____ _____ liegt in Süddeutschland.

6. Das ist _____ _____.
_____ _____ ist schon alt.

4. Das ist _____ _____.
_____ _____ ist in Norddeutschland.

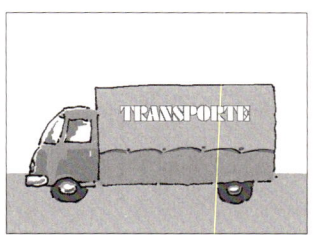

7. Das ist _____ _____.
_____ _____ fährt nach Italien.

4

Was passt zusammen?

Singular		Plural			
1 Zug		**A** Autos		1	B
2 Stadt		**B** Züge		2	
3 Haus		**C** Häuser		3	
4 Bus		**D** Städte		4	
5 Auto		**E** Kirchen		5	
6 Kirche		**F** Busse		6	

5

Singular und Plural

~~Plätze~~   die Dörfer   Straßen   die Straßen   der Platz   ein Dorf

ein Platz	*Plätze*		die Plätze
eine Straße		die Straße	
	Dörfer	das Dorf	

6

Schreiben und verstehen: der Artikel

Artikel	m		f		n		Pl	
unbestimmt	*ein*	Berg		Kirche		Haus		Plätze
bestimmt		Berg	*die*	Kirche		Haus		Plätze

7

Wo hören Sie Wörter im Plural?

Bitte markieren Sie.

1. ☐   2. ☐   3. ☐   4. ☐   5. ☐   6. ☐   7. ☐   8. ☐

8

Hören und sprechen: der Wortakzent (1)

Wo ist der Akzent? Bitte markieren Sie.

1. Hafen – Kirche – Berge – Bahnhof – Lastwagen – Süddeutschland
2. Journalist – Restaurant – Alphabet – Fabrik – Situation

Eine Stadt, ein Dorf

1 Zwei Situationen, zwei Texte

| Hören | Sprechen | Lesen | **Schreiben** |

Was passt? Bitte sortieren Sie.

Andreas Matthis in Frankfurt

Moritz, Jan und Florian,
Anna Brandner und Sandra Preisinger im Café

Sie trinken Kaffee.   Der Bus kommt nicht.   Die Straße ist der Fußballplatz.
~~Ein Mann wartet.~~   ~~Zwei Frauen im Café Kurz.~~   In Frankfurt fahren viele Autos.
Die Straßen hier sind sehr voll.   Die Kinder spielen Fußball.
Sie essen Eis und Schokoladentorte.   Er wartet schon 20 Minuten. Warum?

Ein Mann wartet. _____

_____

_____

_____

Zwei Frauen im Café Kurz. _____

_____

_____

_____

2 Der Bus kommt nicht

Was sagt Herr Matthis?

1. Der Bus ist sehr _____ .

2. Die Straßen sind immer _____ .

3. Frankfurt ist _____ .

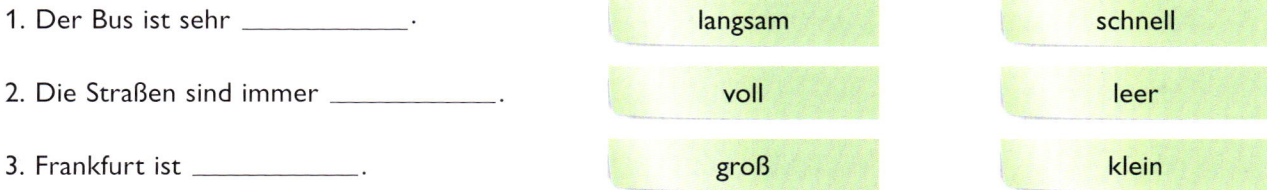

langsam	schnell
voll	leer
groß	klein

3 Im Café Kurz

Was sagen Frau Brandner und Frau Preisinger?

1. Das Eis ist _____ .

2. Der Kaffee ist _____ .

3. Die Schokoladentorte ist _____ .

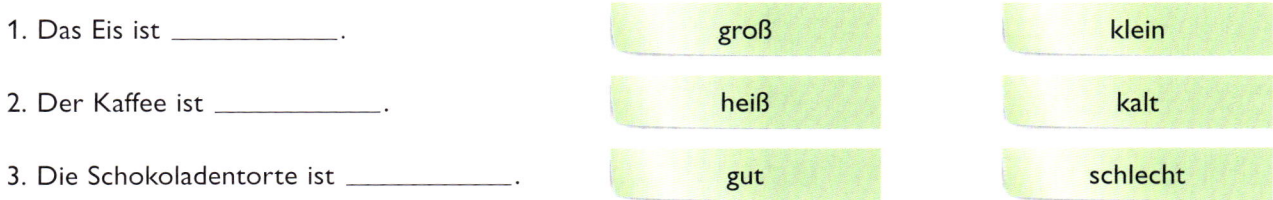

groß	klein
heiß	kalt
gut	schlecht

4 Was ist wie?

a) Bitte schreiben Sie.

schlecht	klein	gut	groß	heiß	kalt	leer	schnell	voll	langsam

der Tee: *heiß, kalt,* _____

das Eis: _____

der Zug: _____

die Stadt: _____

die Straßen: _____

b) Fragen und antworten Sie bitte.

▶ Ist der Zug voll?   ◁ Nein, der Zug ist nicht voll. Er ist leer.

5 Hören und sprechen: der Wortakzent (2)

Wo ist der Akzent? Bitte markieren Sie.

1. der Pl a tz   der F u ßballplatz
2. der Zug   der Schnellzug
3. ein Kaffee   ein Eiskaffee
4. eine Torte   eine Schokoladentorte
5. die Stadt   die Großstadt   die Kleinstadt   die Altstadt
6. ein Eis   ein Bananeneis   ein Zitroneneis   ein Schokoladeneis

Die Stadt Frankfurt

1

| Hören | Sprechen | **Lesen** | Schreiben |

Im Zentrum und am Stadtrand

Die Straße „Zeil" liegt im Zentrum von Frankfurt. Hier fährt kein Auto und kein Bus. Hier sind nur Geschäfte, Kaufhäuser und viele Menschen. Und alle gehen zu Fuß. Die Paulskirche, das Rathaus, der Main und die Museen: alles ist ganz nah. Im Zentrum von Frankfurt sind auch viele Theater, Hotels, Restaurants und Kinos.

Auch das ist Frankfurt: Wohnhäuser, Supermärkte und viele Autos – aber kein Kino, kein Kaufhaus und kein Museum. Viele Menschen wohnen am Stadtrand, aber sie arbeiten nicht hier. Sie arbeiten im Zentrum.

2

| **Hören** | Sprechen | Lesen | Schreiben |

Herr Matthis in Frankfurt

Wo ist er?

☐ im Zentrum   ☐ am Stadtrand

3

| Hören | Sprechen | Lesen | **Schreiben** |

Schreiben und verstehen: die Negation

Nomen				
Artikel	m ▽	f ▽	n ▽	Pl ▽
unbestimmt	ein Bus	eine Kirche	ein Kino	Busse, Kirchen, Kinos
negativ	___ Bus	*keine* Kirche	___ Kino	*keine* Busse, *keine* Kirchen, *keine* Kinos

Verben			
positiv	+	Die Menschen arbeiten	hier.
negativ	–	Die Menschen arbeiten ___	hier.

4 | Hören | **Sprechen** | Lesen | Schreiben |

Gebäude in Frankfurt

Bitte lesen und sprechen Sie.

 1

 2

 3

 4

 5

 6

| das Rathaus | das Hotel | das Wohnhaus | die Universität |

| das Museum | die Kirche | die Bank | die Post |

| | die Schule | das Geschäft | |

▶ Was ist Nummer 1?
◁ Ich weiß nicht. Vielleicht ein Rathaus?
▶ Nein, das ist kein Rathaus. Ich glaube, das ist eine Bank.

◁ Eine Bank? Das ist doch keine Bank.
▶ Na gut. Und das hier? Was ist das?
◁ …

5 | Hören | **Sprechen** | Lesen | Schreiben |

Eine Stadt und ein Dorf

Sprechen Sie bitte.

Ich glaube, da sind viele Geschäfte.

Da sind keine Geschäfte.

neunundzwanzig
29

2

In Köln

1 **Marlene Steinmann wohnt in Köln**

Bitte hören Sie: Was antwortet Frau Steinmann?

Herr Schneider

1. Na, wie geht's?

Frau Steinmann

- ☐ Gut.
- ☐ Es geht.
- ☐ Nicht so gut.

2. Nervös? Warum?

- ☐ Der Bus kommt nicht.
- ☐ Das Taxi kommt nicht.
- ☐ Das Taxi kommt.

3. Kein Problem! Ich habe ein Auto.

- ☐ Das ist sehr nett. Vielen Dank!
- ☐ Nein danke, ich gehe zu Fuß.
- ☐ Nein danke, ich warte.

2 **Die Touristen-Information in Köln: Martin Miller fragt**

Ergänzen Sie die Zahlen.

Martin Miller	Wie alt ist die Stadt Köln?
Touristeninformation	Köln ist _____ Jahre alt.
Martin Miller	Wie hoch ist die Kirche?
Touristeninformation	Der Kölner Dom? Der Dom ist _____ Meter hoch.
Martin Miller	Und noch eine Frage: Wie viele Menschen wohnen in Köln?
Touristeninformation	Hier wohnen ungefähr _____ Menschen.

COLONIA · ケル
科隆 · KEULE
COLOGNE · ケ
КЕЛЬН · KÖL
Stadt Köl

A **Zahlen von 100 bis 1 000 000**

Hören und lernen Sie die Zahlen.

100 (ein)hundert	**1 000** (ein)tausend	**2 367** zweitausenddreihundertsiebenundsechzig
101 hunderteins	**1 001** tausendeins	**10 000** zehntausend
110 hundertzehn	**1 010** tausendzehn	**100 000** hunderttausend
200 zweihundert	**1 100** tausendeinhundert	**350 000** dreihundertfünfzigtausend
300 dreihundert	**2 000** zweitausend	**1 000 000** eine Million

3 Das Zentrum von Köln

| Hören | Sprechen | Lesen | Schreiben |

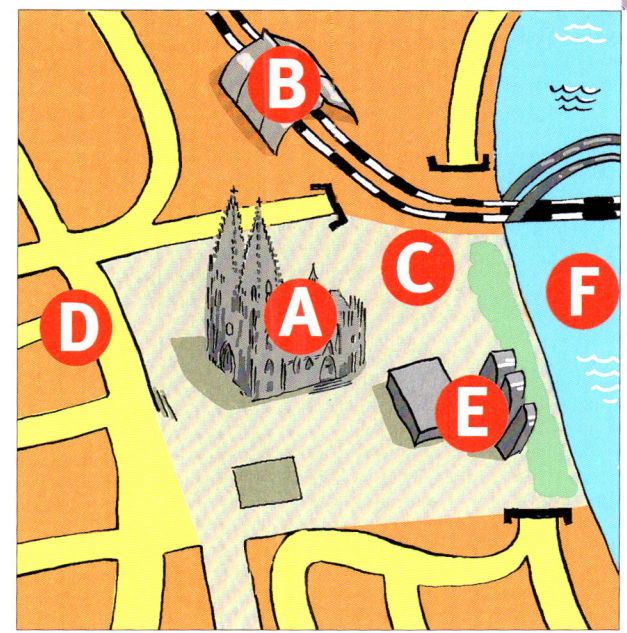

a) Was passt?

Frankenplatz C   Museen E

Hauptbahnhof B   Dom A

Touristen-Information D   Rhein F

1. Mitten im Zentrum von Köln liegt
der *Dom* _____ .
2. Links ist die _____ .
3. Der Platz rechts ist der _____ .
4. Die _____ sind ganz nah.
5. Im Norden liegt der _____
und im Osten liegt der Fluss,
der _____ .

b) Die Touristen in Köln haben viele Fragen. Bitte antworten Sie.

Wo liegt …?

Was liegt …?

Wie heißt …?

Wie viele …?

Wie alt …?

4 Wie hoch? Wie alt? Wie viele?

| Hören | Sprechen | Lesen | Schreiben |

1. der Fernmeldeturm in Frankfurt   331 Meter
2. der Messeturm in Frankfurt   256 Meter
3. das Rathaus in Köln   670 Jahre

4. die Stadt Rostock   780 Jahre
5. in Frankfurt   650 000 Menschen
6. in Oberstdorf   10 500 Menschen

Wie hoch ist der Fernmeldeturm
in Frankfurt?

Der Fernmeldeturm ist 331 Meter hoch.

B Zahlen

| Hören | Sprechen | Lesen | Schreiben |

Was hören Sie? Bitte markieren Sie.

a)   2111   2112
b)   45 000   54 000
c)   313   330
d) 101 000   111 000

C Zahlendiktat

| Hören | Sprechen | Lesen | Schreiben |

Schreiben Sie bitte.

a)   *615*
b)
c)
d)
e)
f)

Im Deutschkurs

1 Hören | Sprechen | Lesen | **Schreiben**
Bild und Wort

das Buch   der ~~Kugelschreiber~~   das Heft
          der Bleistift   das Blatt Papier   der Radiergummi

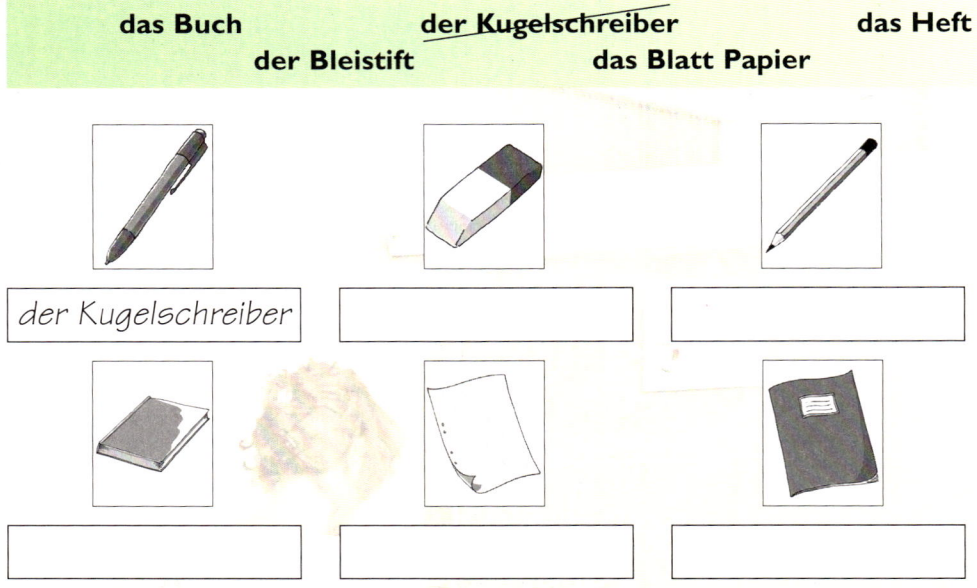

der Kugelschreiber		

2 Hören | Sprechen | **Lesen** | Schreiben
Das Kursbuch

3 Hören | Sprechen | **Lesen** | Schreiben
Was sagen Sie im Deutschkurs?

Bitte markieren Sie.

1. Wie bitte | bitte wiederholen Sie ich verstehe nicht bitte langsam
   Wie bitte? _____ _____

2. Entschuldigung ich habe eine Frage bitte noch einmal ich weiß nicht

   _____ _____ _____

Grammatik

1 Das Nomen → S. 144, 145

Der Artikel

	m	f	n	Pl
bestimmt	der Zug	die Kirche	das Schiff	die Züge, die Kirchen, die Schiffe
unbestimmt	ein Zug	eine Kirche	ein Schiff	– Züge, – Kirchen, – Schiffe
negativ	kein Zug	keine Kirche	kein Schiff	keine Züge, keine Kirchen, keine Schiffe

Singular und Plural

Singular	Plural
das Schiff	die Schiffe
der Zug	die Züge
die Kirche	die Kirchen
das Bild	die Bilder
das Dorf	die Dörfer
das Auto	die Autos
der Lastwagen	die Lastwagen

Regel: Lernen Sie Nomen immer mit Artikel und Plural.

2 *sein* + Adjektiv → S. 137

m	f	n	Pl
Der Kaffee ist heiß.	Die Torte ist gut.	Das Eis ist kalt.	Die Straßen sind voll.

3 Die Negation (Verneinung) → S. 155

	positiv +	negativ –
Negation *kein*	Ist das ein **Rathaus**?	Nein, das ist kein **Rathaus**.
Negation *nicht*	Der Bus **kommt**.	Der Bus **kommt** nicht.
	Der Kaffee ist **heiß**.	Der Kaffee ist nicht **heiß**.

Regel: *kein* verneint das Nomen.

4 Das Präsens → S. 139

	wissen
ich	weiß
du	weißt
er • sie • es	weiß
wir	wissen
ihr	wisst
sie • Sie	wissen

Meine Familie und ich

Wir suchen Kandidaten für unsere Show

MEINE FAMILIE UND ICH

Toll! Da möchte ich mitmachen!

1 | **Hören** | Sprechen | Lesen | Schreiben |

Eine Show im Fernsehen

Drei Sendungen. Was hören Sie? Bitte nummerieren Sie.

☐ Krimi ☐ Nachrichten ☐ Fernsehshow „Meine Familie und ich"

2 Eine Kandidatin

Frau Schnell	Ja, bitte?
Frau Mainka	Entschuldigung, ist hier das Büro von „Meine Familie und ich"?
Frau Schnell	Ja, hier sind Sie richtig. Bitte nehmen Sie Platz.
Frau Mainka	Danke.

Frau Schnell	Sie sind also eine Kandidatin für „Meine Familie und ich"?
Frau Mainka	Ja, ich sehe jeden Tag fern und ich finde die Show ganz fantastisch. Ich möchte sehr gern mitmachen!

Frau Schnell	Schön. Wie ist Ihr Name bitte?
Frau Mainka	Mainka.
Frau Schnell	Ist das Ihr Vorname?
Frau Mainka	Nein, das ist mein Familienname.
Frau Schnell	Und Ihr Vorname?
Frau Mainka	Irene.
Frau Schnell	Also: Irene Mainka. Wie alt sind Sie, Frau Mainka?
Frau Mainka	Ich bin 34 Jahre alt.
Frau Schnell	Und was sind Sie von Beruf?
Frau Mainka	Ich bin Krankenschwester, aber jetzt arbeite ich nicht. Im Moment bin ich Hausfrau.

3 Fragen und Antworten

	Frage	Antwort
Wo	*Entschuldigung, ist hier das Büro von „Meine Familie und ich"?*	*Ja, hier sind Sie richtig.*
Name		*Ich heiße*
Vorname		
Alter		
Beruf		

Die Familie von Frau Mainka

a) Frau Schnell fragt weiter. Lesen Sie bitte.

Frau Schnell	Und wie ist Ihr Familienstand?
Frau Mainka	Wie bitte?
Frau Schnell	Sind Sie verheiratet?
Frau Mainka	Ja, ja, natürlich.
Frau Schnell	Na ja, so natürlich ist das doch nicht.
Frau Mainka	Aber – die Show heißt doch „Meine Familie und ich"!
Frau Schnell	Richtig. Sie sind also verheiratet. Haben Sie auch Kinder?
Frau Mainka	Ja, zwei.
Frau Schnell	Haben Sie vielleicht ein Foto?
Frau Mainka	Natürlich. Hier, das ist meine Familie: mein Mann, meine Tochter Beate und mein Sohn Stefan.
Frau Schnell	Sehr hübsch, Ihre Kinder. Wie alt ist Ihre Tochter?
Frau Mainka	Zehn Jahre.
Frau Schnell	Und Ihr Sohn?
Frau Mainka	Acht.

b) Markieren Sie: richtig (r) oder falsch (f)?

1. Frau Mainka ist nicht verheiratet. _____ r f̶
2. Sie hat kein Familienfoto. _____ r f
3. Sie hat zwei Töchter. _____ r f
4. Die Kinder heißen Marion und Stefan. _____ r f
5. Ihre Kinder sind hübsch. _____ r f
6. Ihre Tochter ist acht Jahre alt. _____ r f

Der Familienstand von Frau Mainka

Was passt?

① Wie ist Ihr Familienstand?　　　A Meine Kinder sind acht und zehn.　　| 1 | C |
② Sind Sie verheiratet?　　　　　　B Ja, zwei.　　　　　　　　　　　　　| 2 | |
③ Haben Sie Kinder?　　　　　　　 C Ich bin verheiratet.　　　　　　　　| 3 | |
④ Wie alt sind Ihre Kinder?　　　　D Ja.　　　　　　　　　　　　　　　 | 4 | |

6 Hören und sprechen: ä, ö, ü – kurz oder lang?

| Hören | Sprechen | Lesen | Schreiben |

a) Hören Sie bitte.

	ä	ö	ü
kurz	Geschäft	Töchter	hübsch
lang	(sie) fährt	schön	Süden

b) Hören und markieren Sie kurz (•) oder lang (-). Sprechen Sie.

1. Dänemark – Länder – (sie) schläft – (du) fährst
2. hören – (ich) möchte – Söhne – nervös
3. Züge – Brüssel – Bücher – Süddeutschland

7 Du. Und Sie?

| Hören | Sprechen | Lesen | Schreiben |

Wie heißt du?   *Wie heißen Sie? Wie ist Ihr Name?*
Wie alt bist du?   _____
Was bist du von Beruf?   _____
Bist du verheiratet?   _____
Hast du Kinder?   _____
Wie alt sind deine Kinder?   _____

8 Schreiben und verstehen: Possessivartikel mein, dein, Ihr

| Hören | Sprechen | Lesen | Schreiben |

	m		f		n		Pl	
ich		Name		Familie	mein	Foto		Kinder
du	dein	Name	deine	Familie	dein	Foto		Kinder
Sie		Name	Ihre	Familie	Ihr	Foto		Kinder

9 Machen Sie ein Interview!

| Hören | Sprechen | Lesen | Schreiben |

Die Hobbys von Frau Mainka

1

Hören | Sprechen | **Lesen** | Schreiben

Was macht Frau Mainka gern?

Lesen Sie bitte.

Frau Schnell	Schön, Frau Mainka. Und jetzt noch Ihr Hobby.
Frau Mainka	Tja also, mein Hobby …
Frau Schnell	Ja, was machen Sie gern?
Frau Mainka	Ich höre gern Musik, ich gehe gern ins Kino, ich sehe gern „Meine Familie und ich" …
Frau Schnell	Und Sport? Joggen Sie? Oder spielen Sie Tennis?
Frau Mainka	Nein, ich bin ziemlich unsportlich.
Frau Schnell	Gut, Frau Mainka. Vielen Dank. Bitte kommen Sie am Montag um 10 Uhr. Wiedersehen!

2

Hören | **Sprechen** | Lesen | Schreiben

Hobbys: Was machen Sie gern? Was machst du gern?

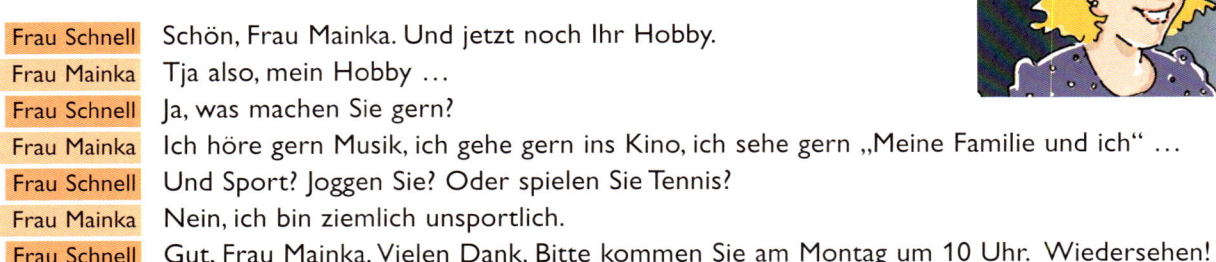

Musik hören	singen	Gitarre spielen	lesen
Deutsch lernen	joggen	reisen	Tennis spielen
Eis essen	Auto fahren	ins Kino gehen	Sport machen

▶ Ich höre gern Musik. Und du?   ◁ Ich lese gern.

3

Hören | Sprechen | Lesen | **Schreiben**

Schreiben und verstehen: die Satzklammer (1)

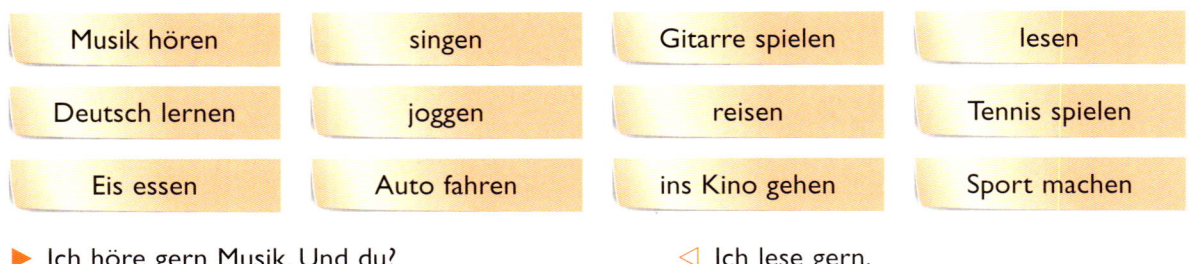

| Musik | hören | | Ich | *höre* | gern | *Musik* | . |
| Tennis | spielen | | Ich | | gern | | . |

4

Hören | **Sprechen** | Lesen | Schreiben

Was machen Sie *immer, oft, manchmal, selten, nie?*

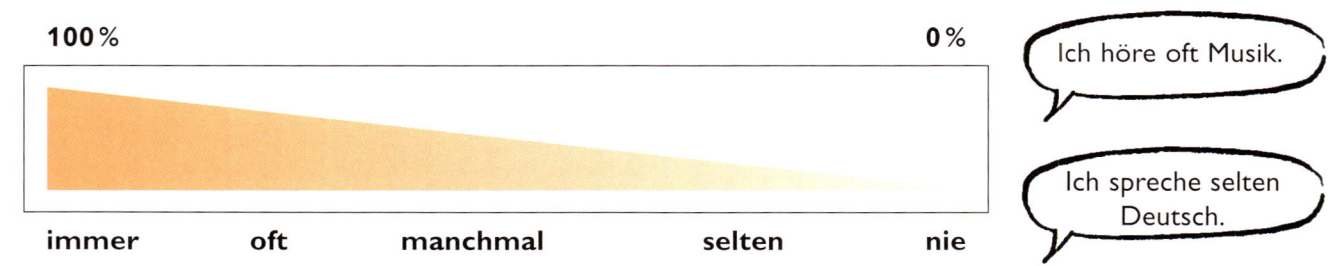

100%   0%

immer   oft   manchmal   selten   nie

Ich höre oft Musik.

Ich spreche selten Deutsch.

Das Formular

Machen Sie mit?

Bitte füllen Sie das Formular aus.

Tele-Media

Produktion:

Meine Familie und ich

Bitte schreiben Sie in Druckbuchstaben:

Familienname: _____
Vorname: _____

Adresse
Straße: _____
Postleitzahl: _____
Ort: _____
Telefon: _____
Fax: _____
E-Mail: _____

Alter: _____ Jahre
Familienstand: ○ ledig
○ verheiratet
○ geschieden
Kinder: ○ ja   ○ nein

Beruf: _____
Hobby: _____
_____
_____
_____

Meine Familie:

Ehemann/Partner
Name: _____
Alter: _____
Beruf: _____
Hobby: _____

Ehefrau/Partnerin
Name: _____
Alter: _____
Beruf: _____
Hobby: _____

Kinder
Name: _____
Alter: _____
Hobby: _____
Schüler/-in: ○ ja   ○ nein
Student/-in: ○ ja   ○ nein

Tele-Media

Produktionsgesellschaft für Film, Funk, Fernsehen und Video

Montag, 9 Uhr, Studio 21

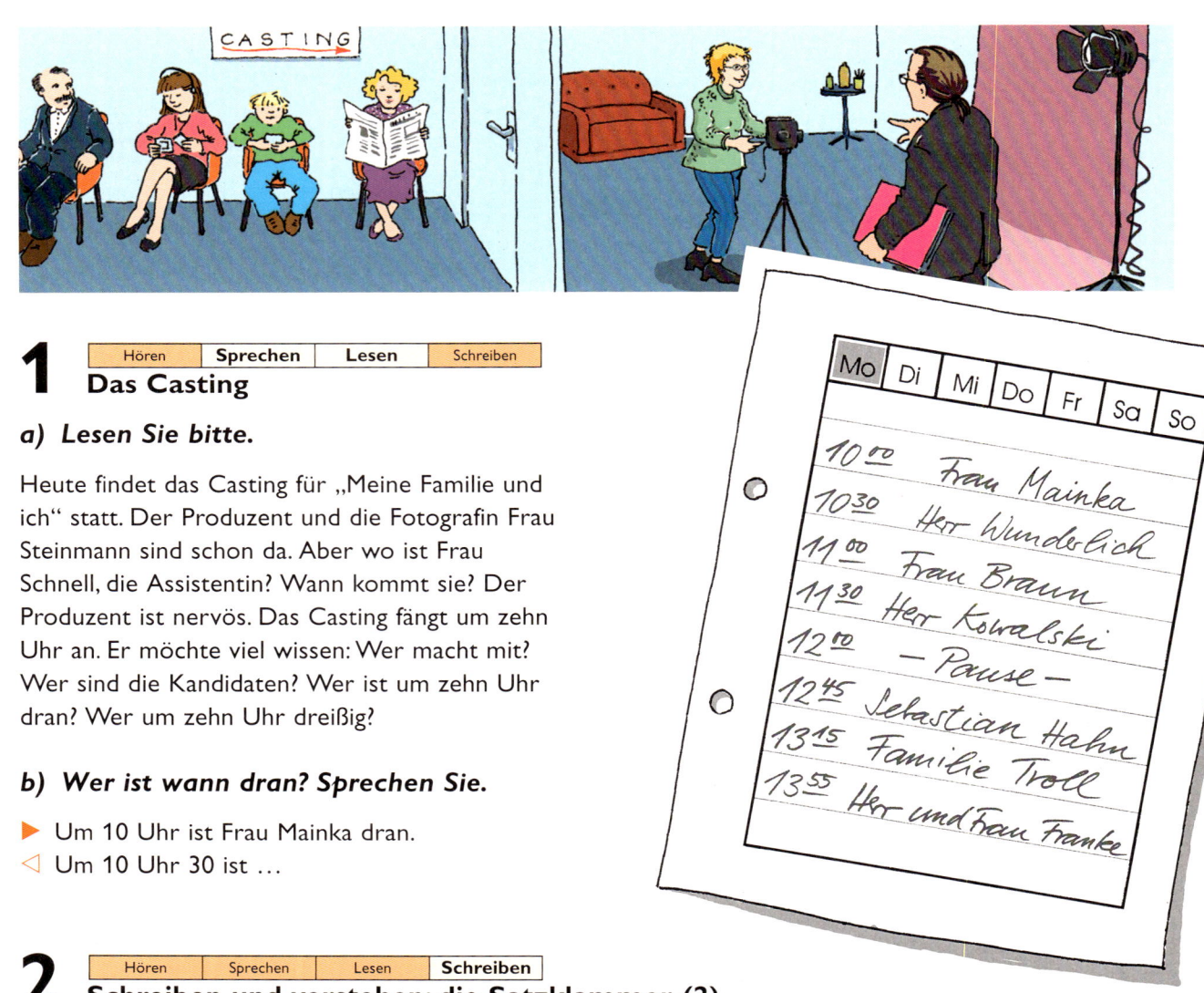

1 Das Casting

Hören | Sprechen | Lesen | Schreiben

a) Lesen Sie bitte.

Heute findet das Casting für „Meine Familie und ich" statt. Der Produzent und die Fotografin Frau Steinmann sind schon da. Aber wo ist Frau Schnell, die Assistentin? Wann kommt sie? Der Produzent ist nervös. Das Casting fängt um zehn Uhr an. Er möchte viel wissen: Wer macht mit? Wer sind die Kandidaten? Wer ist um zehn Uhr dran? Wer um zehn Uhr dreißig?

b) Wer ist wann dran? Sprechen Sie.

▶ Um 10 Uhr ist Frau Mainka dran.
◁ Um 10 Uhr 30 ist …

Mo	Di	Mi	Do	Fr	Sa	So
10⁰⁰ Frau Mainka
10³⁰ Herr Wunderlich
11⁰⁰ Frau Braun
11³⁰ Herr Kowalski
12⁰⁰ — Pause —
12⁴⁵ Sebastian Hahn
13¹⁵ Familie Troll
13⁵⁵ Herr und Frau Franke

2 Schreiben und verstehen: die Satzklammer (2)

Hören | Sprechen | Lesen | Schreiben

statt finden		Heute		das Casting	.
da	sein	Der Produzent	ist	schon	.
möchte wissen		Er		viel	

3 Möchten Sie mitspielen?

Hören | Sprechen | Lesen | Schreiben

1. ▶ Ja, ich _spiele_ gern _mit_.
2. ◁ Gut. Das Casting ist am Montag.
3. ▶ Und wann _____ das Casting _____?
4. ◁ Um 10 Uhr, und Sie _____ um 11 Uhr _____.
5. ▶ Prima, ich _____ um 11 Uhr _____! Vielen Dank!

dran sein
~~mitspielen~~
da sein
anfangen

3

vierzig
40

a) *Was glauben Sie: Was macht ihr Mann? Was machen die Kinder?*

b) *Herr Spring, Produzent, und Frau Mainka, Kandidatin. Was hören Sie?*

1. Irene Mainka   ☐ arbeitet   in Dortmund.
   ☒ wohnt

2. Ihr Mann ist   ☐ 34   Jahre alt.
   ☐ 38

3. Ihr Mann ist   ☐ Busfahrer   von Beruf.
   ☐ Taxifahrer

4. Ihre Kinder gehen   ☐ gern   in die Schule.
   ☐ nicht gern

5. Ihre Mutter wohnt   ☐ auch   in Dortmund.
   ☐ nicht

6. Ihr Hobby ist   ☐ Radio   hören.
   ☐ Musik

a) *Was glauben Sie: Wie alt ist Sebastian Hahn? Was ist sein Hobby?*

b) *Herr Spring, Produzent, und Sebastian Hahn, Kandidat. Bitte hören Sie: richtig* r *oder falsch* f *?*

1. Sebastian ist zwölf Jahre alt. _____ r ☒

2. Sein Hobby sind Computerspiele. _____ r f

3. Seine Großmutter ist Kandidatin für „Meine Familie und ich". _____ r f

4. Seine Eltern sind nicht da. _____ r f

5. Sein Vater arbeitet in Japan. _____ r f

6. Sebastian möchte gern ein Computerspiel haben. _____ r f

6
| Hören | Sprechen | Lesen | **Schreiben** |
Schreiben und verstehen: Possessivartikel *ihr, sein*

Irene Mainka: *Ihr*   Mann ist Busfahrer.

_____   Mutter wohnt in Dortmund.

Sebastian Hahn: _____   Vater arbeitet in Japan.

_____   Großmutter ist Kandidatin.

7
| Hören | Sprechen | Lesen | **Schreiben** |
Familie Mainka und Familie Hahn: Was wissen Sie?

1.
   Irene Mainka wohnt in Dortmund.

   Ihr Mann _____

2.
   Sebastian ist _____

   _____

Ein Brief aus Tübingen

1 Hören | Sprechen | **Lesen** | Schreiben
Familie Troll möchte mitspielen

Tübingen, 14. 01. 2001

Liebe Frau Schnell,

wir sehen immer Ihre Show „Meine Familie und ich" und wir finden die Sendung
ganz toll. Aber: Warum spricht immer nur eine Person und nicht die ganze Familie?
Wir möchten alle zusammen mitmachen. Wir, das sind: meine Geschwister, also
mein Bruder Thomas und meine Schwester Tanja, dann unsere Eltern Theodor und
Therese, unser Onkel Toni, unsere Tante Tina und natürlich ich, Torsten Troll.
Ach ja, unser Hund Tristan und unsere Katze Tiramisu möchten auch mitkommen.
Wir haben alle ein Hobby: Wir machen gern Musik. Bitte laden Sie meine ganze
Familie ein!

Mit freundlichen Grüßen

Torsten Troll

PS: Wir bringen unser Lied für Ihre Show mit.

2 Hören | **Sprechen** | Lesen | **Schreiben**
Familie Troll: Wer ist wer?

a) Schreiben Sie die Namen.

b) Bitte erklären Sie.

▶ Thomas ist der Sohn von Therese und der Bruder von Tanja und Torsten.
◁ Tina ist die ...

3

| Hören | **Sprechen** | Lesen | Schreiben |

Vater, Mutter, Kinder

Lesen Sie den Brief (Aufgabe 1) noch einmal und kombinieren Sie.

▶ Die Eltern und die Kinder; der Bruder …   ◁ Die Eltern: Vater und …

4

| Hören | Sprechen | Lesen | **Schreiben** |

Das Lied von Familie Troll

Ergänzen Sie.

1. Das bin ich, und das ist *meine* Flöte.
   Das bist du, und das ist *dein* Klavier.
   Unser Lied ist sicher nicht von Goethe.
   Ganz egal – wir singen es jetzt hier.

2. Er singt _____ Lied.
   Sie singt _____ Lied.
   Und was macht das Kind?
   Es singt auch _____ Lied.

3. Wir singen unser Lied.
   Ihr singt euer Lied.
   Und was machen sie?
   Sie singen ihre Melodie.

5

| Hören | Sprechen | Lesen | **Schreiben** |

Schreiben und verstehen: Possessivartikel *unser, euer, ihr*

	m		**f**		**n**		**Pl**	
wir		Hund	*unsere*	Melodie		Lied		Eltern
ihr	*euer*	Hund	*eure*	Melodie		Lied	*eure*	Eltern
sie	*ihr*	Hund		Melodie	*ihr*	Lied	*ihre*	Eltern

6

| Hören | **Sprechen** | Lesen | **Schreiben** |

Herr und Frau Troll haben drei Kinder

a) Ergänzen Sie bitte.

Ihre _____ Kinder heißen _____, _____ und _____.
_____ Sohn Torsten spielt Klavier, _____ Tochter spielt Flöte und
_____ Sohn Thomas singt. Die Musik ist _____ Hobby. Sie haben auch zwei
Haustiere: _____ Katze heißt _____ und _____ Hund heißt
_____.

b) Herr und Frau Troll erzählen.

▶ Wir haben drei Kinder. Unsere Kinder heißen …

c) Und Ihre Familie?

Im Deutschkurs

1

| Hören | Sprechen | Lesen | Schreiben |

Hören und sprechen: der Wortakzent

Wo ist der Akzent? Markieren Sie. Bitte sprechen Sie.

1. m a chen – m i tmachen
2. singen – mitsingen
3. spielen – mitspielen

4. sprechen – nachsprechen
5. lesen – vorlesen
6. bringen – mitbringen

2

| Hören | Sprechen | Lesen | Schreiben |

Was hören Sie im Kurs? Was sagen Sie?

| mitspielen | anfangen | mitmachen | mitsingen |

1. ▶ Spielen Sie mit?
   ◁ Ja, ich spiele mit.
   ▶ ...

2. ▶ Möchten Sie mitspielen?
   ◁ Ja, ich möchte gern mitspielen.
   ▶ ...

3

| Hören | Sprechen | Lesen | Schreiben |

Der Kalender von Igor Schapiro

11 Montag	**12** Dienstag	**13** Mittwoch	**14** Donnerstag	**15** Freitag	**16** Samstag	**17** Sonntag
7	7	7	7	7	7	7
8	8	8	8	8	8	8
9	9	⑨ *Deutschkurs*	9	9	9	9
10	10	10	10	10	10	10
11	11	11	11	11	11	11
12	12	12	12	12	12	12
13	13	13	13	13	13	13
14	14	14	14	14	14	14
15	15	15	15	15	15	15
⑯ *Deutschkurs*	16	16	16	16	16	16
17	17	17	⑰ *Fußball*	17	17	17
18	⑱ *Karten*	18	18 *spielen*	18	18	18
19	19 *spielen*	19	19	19	⑲ *Kino*	19

a) Was ist am ...?

▶ Am Montag ist Deutschkurs.
◁ Am Dienstag spielt er Karten.

b) Um wie viel Uhr ...?

▶ Um 16 Uhr ist Deutschkurs.
◁ Um 18 Uhr spielt er Karten.

c) Und Sie? Was machen Sie wann?

Am ...

Um ...

Grammatik

1 Der Possessivartikel
→ S. 148

	m		f		n		Pl	
ich	mein	Hund	meine	Familie	mein	Lied	meine	Eltern
du	dein	Hund	deine	Familie	dein	Lied	deine	Eltern
er	sein	Hund	seine	Familie	sein	Lied	seine	Eltern
sie	ihr	Hund	ihre	Familie	ihr	Lied	ihre	Eltern
es	sein	Hund	seine	Familie	sein	Lied	seine	Eltern
wir	unser	Hund	unsere	Familie	unser	Lied	unsere	Eltern
ihr	euer	Hund	eure	Familie	euer	Lied	eure	Eltern
sie	ihr	Hund	ihre	Familie	ihr	Lied	ihre	Eltern
Sie	Ihr	Hund	Ihre	Familie	Ihr	Lied	Ihre	Eltern

2 Das Präsens
→ S. 138

	mitspielen	haben	möcht-
ich	spiele mit	habe	möchte
du	spielst mit	hast	möchtest
er • sie • es	spielt mit	hat	möchte
wir	spielen mit	haben	möchten
ihr	spielt mit	habt	möchtet
sie • Sie	spielen mit	haben	möchten

3 Die Satzklammer
→ S. 135

Zweiteilige Verben	Frau Mainka hört gern Musik.	Musik hören
Trennbare Verben	Sebastian füllt das Formular aus.	ausfüllen
Modalverben	Der Produzent möchte viel wissen.	möchte wissen

Regel: Viele Verben haben im Satz zwei Teile.

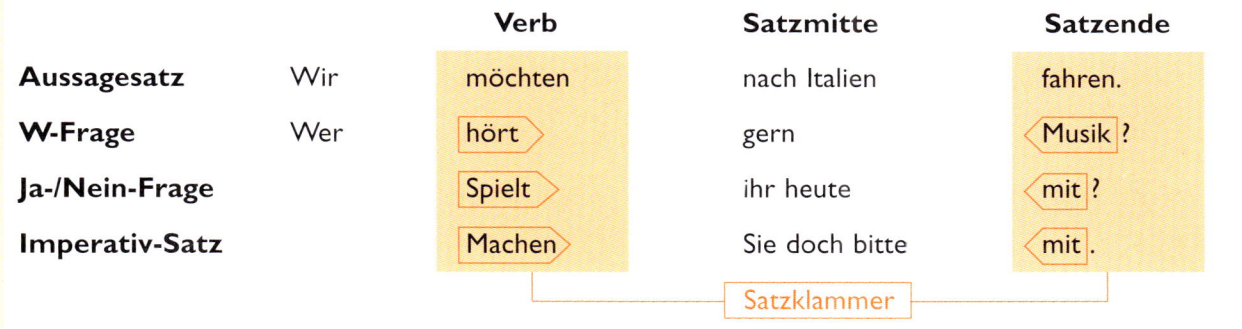

		Verb	Satzmitte	Satzende
Aussagesatz	Wir	möchten	nach Italien	fahren.
W-Frage	Wer	hört	gern	Musik ?
Ja-/Nein-Frage		Spielt	ihr heute	mit ?
Imperativ-Satz		Machen	Sie doch bitte	mit .

Satzklammer

Regel: Der eine Teil steht auf Position 2 oder 1, der andere am Satzende.

Lektion 4

Der Münsterplatz in Freiburg

1 | Hören | Sprechen | Lesen | **Schreiben** |

Der Münsterplatz

Wer ist da? Was ist da?

die Kellnerin	das Eis	der Mann	das Münster
das Obst	das Kind	das Gemüse	die Frau
die Marktfrau	das Café	der Marktstand	

Wer?	Was?
die Kellnerin,	*das Eis,*

4

sechsundvierzig
46

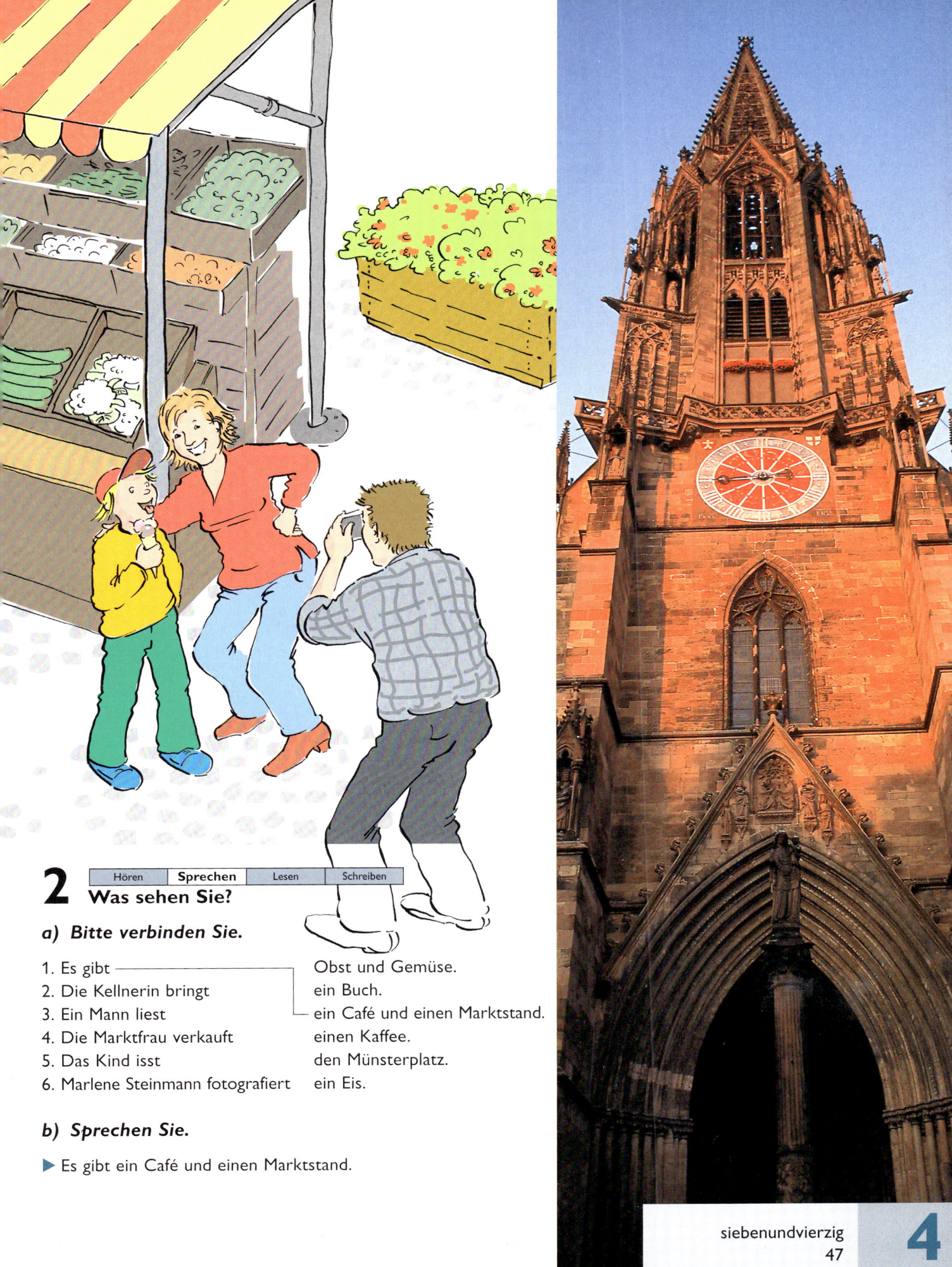

2 Was sehen Sie?

Hören | Sprechen | Lesen | Schreiben

a) Bitte verbinden Sie.

1. Es gibt — Obst und Gemüse.
2. Die Kellnerin bringt — ein Buch.
3. Ein Mann liest — ein Café und einen Marktstand.
4. Die Marktfrau verkauft — einen Kaffee.
5. Das Kind isst — den Münsterplatz.
6. Marlene Steinmann fotografiert — ein Eis.

b) Sprechen Sie.

▶ Es gibt ein Café und einen Marktstand.

Foto-Objekte

| Hören | Sprechen | **Lesen** | Schreiben |

1 Fotos von Timo

a) Bitte lesen Sie den Text.

Der Münsterplatz in Freiburg. Hier gibt es einen
Souvenirladen, Cafés, Restaurants und
Marktstände. Aber am Samstagnachmittag
ist nur noch ein Marktstand da. Die Marktfrau
verkauft Obst.

Und da ist Timo Daume aus Berlin. Timo ist
12 Jahre alt. Er lernt fotografieren. Wen fotografiert er? Er fotografiert die Menschen in
Freiburg: Männer, Frauen und Kinder. Er fotografiert auch das Münster-Café: Eine Kellnerin
bringt einen Kaffee. Eine Frau isst ein Sandwich;
sie beobachtet den Platz. Ein Mann trinkt ein
Bier und liest ein Buch.

Und was fotografiert Timo noch? Natürlich das
Münster und den Münsterturm.
Dann fotografiert er einen Mann und eine Frau –
ach so, das sind Herr und Frau Daume, die Eltern
von Timo. Frau Daume kauft noch Souvenirs,
einen Stadtplan und die Zeitung.
Timo ist zufrieden. Jetzt kann er endlich ein Eis
essen!

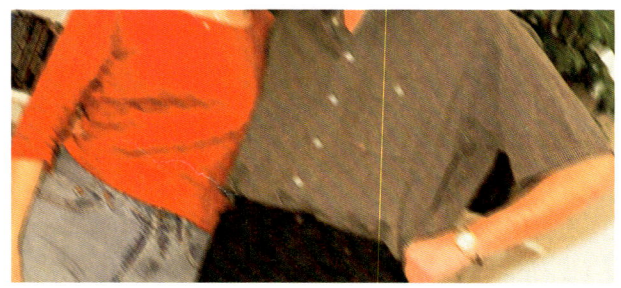

b) Was glauben Sie: Was ist richtig?

Familie Daume

☐ wohnt in Freiburg   ☐ arbeitet in Freiburg   ☐ macht in Freiburg Urlaub

| Hören | Sprechen | Lesen | **Schreiben** |

2 Was machen die Leute in Freiburg?

fotografieren	kaufen	trinken
essen	beobachten	

den Münsterplatz	ein Souvenir
ein Sandwich	einen Stadtplan
einen Kaffee	den Münsterturm
ein Eis	die Menschen

den Münsterplatz beobachten.

3 Subjekt, Verb, Objekt

Hören | Sprechen | **Lesen** | **Schreiben**

Suchen Sie im Text.

Subjekt	Verb	Objekt
1. Es	gibt	*einen Souvenirladen* .
2. _____	verkauft	Obst.
3. Timo	_____	die Menschen in Freiburg.
4. _____	fotografiert	das Münster-Café.
5. Eine Kellnerin	bringt	_____ .
6. _____	isst	ein Sandwich.
7. _____	liest	ein Buch.
8. Timo	fotografiert	_____ und eine Frau.

4 Schreiben und verstehen: Subjekt und Objekt

Hören | Sprechen | Lesen | **Schreiben**

	Subjekt: Nominativ	Verb	Objekt: Akkusativ		Artikel
m	Es	gibt	*einen*	Souvenirladen.	unbestimmt
f	Timo	fotografiert	*eine*	Frau.	
n	Er	isst		Eis.	
Pl	Es	gibt	hier	Restaurants.	
m	Die Frau	beobachtet	*den*	Platz.	bestimmt
f	Frau Daume	kauft		Zeitung.	
n	Timo	fotografiert		Münster-Café.	
Pl	Er	fotografiert	auch	Menschen in Freiburg.	

5 In Freiburg

Hören | **Sprechen** | Lesen | Schreiben

eine Universität	ein Fußballplatz	Kaufhäuser	Cafés
~~der Münsterplatz~~	ein Souvenirladen	ein Bahnhof	das Münster

a) **Was gibt es in Freiburg?**

▶ Es gibt den Münsterplatz, …

b) **Was machen Sie in Freiburg?**

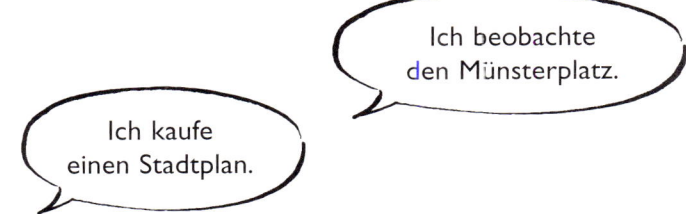

Ich beobachte den Münsterplatz.

Ich kaufe einen Stadtplan.

6 Hören und sprechen: der Satzakzent

| Hören | Sprechen | Lesen | Schreiben |

a) Hören Sie den Dialog.

Timo	Papa, wo ist Mama?
Herr Daume	Sie kauft etwas.
Timo	Was kauft sie denn?
Herr Daume	Einen Stadtplan.
Timo	Papa, ich möchte ein Sandwich essen!
Herr Daume	Nein, ein Sandwich gibt es jetzt nicht.
Timo	Papa, fotografierst du die Kinder da?
Herr Daume	Nein.

Timo	Wen fotografierst du denn?
Herr Daume	Die Marktfrau natürlich.
Timo	Au ja, und dann fotografiere ich den Marktstand. Bitte Papa!
Herr Daume	Na gut …

b) Hören Sie noch einmal die Sätze in a): Was ist wichtig? Lesen Sie laut und betonen Sie genau.

7 Wen oder was?

| Hören | Sprechen | Lesen | **Schreiben** |

Bitte ergänzen Sie.

1. einen Stadtplan kaufen → *was?*
2. die Marktfrau fotografieren → *wen?*
3. den Marktstand fotografieren → _____
4. ein Sandwich essen → _____

5. den Platz beobachten → _____
6. Menschen beobachten → _____
7. einen Kaffee bringen → _____
8. die Zeitung lesen → _____

8 Schreiben und verstehen: *wen* oder *was?*

| Hören | Sprechen | Lesen | **Schreiben** |

Person	*Wen*	fotografiert Marlene? – Die Menschen in Freiburg.
keine Person		fotografiert Timo? – Das Münster und den Münsterturm.

9 Sie verstehen nicht gut

| Hören | Sprechen | Lesen | **Schreiben** |

1. Herr und Frau Daume kaufen Souvenirs. – *Was* kaufen sie? – Souvenirs!
2. Frau Daume beobachtet Timo. – _____ beobachtet sie? – Timo!
3. Die Kellnerin bringt einen Tee. – _____ bringt die Kellnerin? – Einen Tee!
4. Herr Daume liest die Zeitung. – _____ liest Herr Daume? – Die Zeitung!
5. Timo möchte ein Sandwich essen. – _____ möchte er essen? – Ein Sandwich!
6. Herr Daume fotografiert Frau Daume und Timo. – _____ fotografiert er? – Frau Daume und Timo!

Eine Freiburgerin

1 Katrin Berger, Studentin und Kellnerin

| Hören | Sprechen | Lesen | Schreiben |

Hören Sie: richtig **r** *oder falsch* **f** *?*

In Freiburg gibt es eine Universität und viele Studentinnen und Studenten. Zum Beispiel Katrin Berger. Katrin hat nicht viel Geld, deshalb arbeitet sie am Wochenende manchmal im Münster-Café. Was sagt Katrin?

1. Ich habe keine Wohnung. _____ **r** ~~**f**~~
2. Ich habe keinen Fernseher. _____ **r** **f**
3. Ich habe einen Computer und ein Telefon. _____ **r** **f**
4. Ich brauche einen Computer. _____ **r** **f**
5. Ich lese keine Bücher. _____ **r** **f**
6. Ich brauche kein Auto, ich fahre Fahrrad. _____ **r** **f**

2 Schreiben und verstehen: *kein*

| Hören | Sprechen | Lesen | Schreiben |

	Subjekt: Nominativ	Verb	Objekt: Akkusativ		Artikel
m	Ich	habe	*keinen*	Fernseher.	
f	Ich	habe		Wohnung.	**negativ**
n	Ich	brauche		Auto.	
Pl	Ich	lese		Bücher.	

3 Und Sie? Was haben Sie? Was brauchen Sie? Was möchten Sie haben?

| Hören | Sprechen | Lesen | Schreiben |

Sprechen Sie im Kurs.

das Wörterbuch	der Hund	das Auto	Probleme
der Urlaub	die Ehefrau	Kinder	Zeit

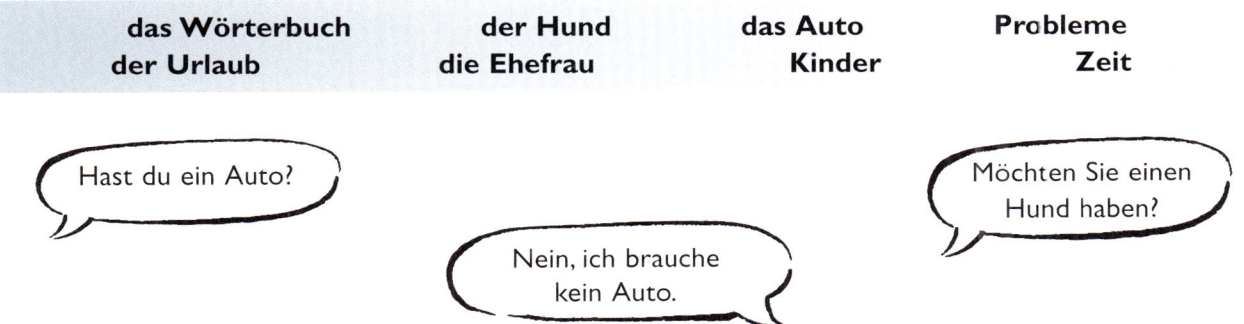

Hast du ein Auto?

Nein, ich brauche kein Auto.

Möchten Sie einen Hund haben?

Das Münster-Café

1 | Hören | Sprechen | Lesen | **Schreiben** |
Bild und Wort

Bitte ordnen Sie zu.

5 der Käse
☐ die Wurst
☐ der Apfelsaft
☐ das Mineralwasser
☐ der Kuchen
☐ das Sandwich
☐ die Tasse Kaffee,
   die Milch, der Zucker

2 | **Hören** | Sprechen | Lesen | **Schreiben** |
Frau Egli, Herr Egli, die Kellnerin: eine Bestellung

Wer spricht? Bitte hören Sie und schreiben Sie die Namen.

_____ Ach Rita, das Wetter ist so schön. Komm, wir trinken einen Kaffee.

_____ Das ist eine gute Idee!

_____ Entschuldigung! Wir möchten gern bestellen.

_____ Ja, sofort. Bitte schön, was nehmen Sie?

_____ Was nimmst du, Peter?

_____ Ich möchte etwas essen, vielleicht ein Stück Kuchen. Haben Sie Schokoladenkuchen?

_____ Aber Schatz, Schokoladenkuchen!

_____ Gut, dann esse ich ein Stück Obstkuchen. Ach ja, und eine Tasse Kaffee nehme ich auch.

_____ Ein Stück Obstkuchen und eine Tasse Kaffee. – Und die Dame?

_____ Ich hätte gern ein Glas Apfelsaft und ein Käse-Sandwich.

_____ Ach ja, und dann nehmen wir noch eine Flasche Mineralwasser.

_____ Danke.

3 | Hören | Sprechen | **Lesen** | Schreiben |
Sie möchten bestellen. Was können Sie sagen?

Suchen Sie bitte im Text.

Wir möchten gern bestellen. Ich ... _____

_____

4 | Hören | Sprechen | Lesen | **Schreiben** |

Schreiben und verstehen: Verben mit Vokalwechsel

	nehmen	essen
ich		
du		*isst*
er • sie • es	*nimmt*	*isst*
wir		*essen*
ihr	*nehmt*	*esst*
sie • Sie		*essen*

5 | **Hören** | Sprechen | Lesen | Schreiben |

Herr Egli bezahlt

a) **Was hören Sie?**

☐ Euro fünfzehn zwanzig ☐ fünfzehn Euro zwanzig ☐ fünfzehn zwanzig Euro

b) **Hören Sie den Dialog. Nummerieren Sie die Sätze.**

☐ Das macht ... Moment ... 15,20 €.
☐ Ja, natürlich. Zusammen oder getrennt?
☐ Vielen Dank, und 4 € zurück. Auf Wiedersehen.
☐ Hier sind 20 €, machen Sie 16.
☐ 1 ☐ Können wir bitte bezahlen?
☐ Zusammen bitte.

6 | Hören | **Sprechen** | Lesen | Schreiben |

Im Café

Bitte machen Sie Dialoge im Kurs.

Speisekarte

Getränke

Tasse Kaffee	2,30
Tasse Tee	2,30
Apfelsaft	2,90
Mineralwasser	2,80
Bier	2,60
Glas Wein	4,00
Flasche Wein	12,00

Speisen

Portion Eis	3,90
Stück Kuchen	3,10
Sandwich (Käse oder Wurst)	4,10

Am Samstag arbeiten?

1
| Hören | Sprechen | **Lesen** | Schreiben |

Wer muss am Samstag arbeiten?

Richtig ⓡ oder falsch ⓕ?

1. Die Marktfrau in Freiburg verkauft Obst: Sie muss nicht arbeiten. _____ ⓡ ✗
2. Die Kellnerin im Münster-Café bringt einen Kaffee: Sie muss arbeiten. _____ ⓡ ⓕ
3. Frau Egli geht ins Café: Sie muss arbeiten. _____ ⓡ ⓕ
4. Herr und Frau Daume haben Urlaub: Sie müssen nicht arbeiten. _____ ⓡ ⓕ
5. Marlene Steinmann fotografiert: Sie muss arbeiten. _____ ⓡ ⓕ

2
| Hören | **Sprechen** | Lesen | **Schreiben** |

Frau Egli muss nicht arbeiten, aber einkaufen

a) **Das muss Frau Egli einkaufen:**

> die **M**armelade   der **H**onig   der **S**alat
> die **Z**eitung   die **B**utter   die **E**ier (Pl.)
> das **B**rot   der **O**rangensaft   die **M**ilch

b) **Was kann Frau Egli hier einkaufen?**

| der Supermarkt | der Schreibwarenladen | die Bäckerei |

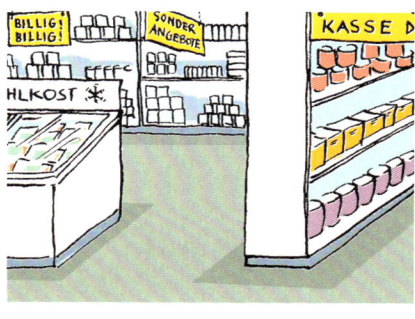  

Marmelade, _____   _____   _____
_____   _____   _____
_____   _____   _____

c) **Bitte sprechen Sie.**

| der Supermarkt | der Schreibwarenladen | die Bäckerei |

▶ Hier kann sie Marmelade kaufen.   ▶ Hier …   ▶ Hier …

3

| Hören | Sprechen | Lesen | **Schreiben** |

Wer kann was? Wer kann was nicht?

Ergänzen Sie.

1. Marlene Steinmann ist Fotografin von Beruf. Sie *kann* sehr gut fotografieren. Timo *kann* *nicht* gut fotografieren.
2. Hunde *können* *nicht* Fahrrad fahren. Aber Katrin Berger _____ Fahrrad fahren.
3. Herr Daume _____ Tennis spielen. Frau Daume _____ _____ Tennis spielen.
4. Tanja, Torsten und Tobias Troll _____ gut singen. Katzen _____ _____ gut singen.
5. Herr Mainka ist Busfahrer von Beruf. Er _____ auch sehr gut Auto fahren.
6. Sein Sohn und seine Tochter _____ noch _____ Auto fahren.

4

| Hören | Sprechen | Lesen | **Schreiben** |

Schreiben und verstehen: *müssen, können*

	müssen	**können**
ich	muss	kann
du	musst	kannst
er • sie • es		
wir	müssen	können
ihr	müsst	könnt
sie • Sie		

5

| Hören | **Sprechen** | Lesen | Schreiben |

müssen und *können*

a) Bilden Sie Sätze.

die Fotografin **der Journalist** **die Studentin Kinder**	**muss** **müssen** **kann** **können**	**nicht** **viel** **nicht viel** **gut** **nicht gut**	**schreiben** **Auto fahren lesen** **in die Schule gehen** **Fahrrad fahren** **arbeiten Sport machen** **reisen**

▶ Die Studentin muss viel arbeiten.
◁ ...

b) Was können Sie? Was können Sie nicht? Was müssen Sie? Bitte sprechen Sie im Kurs.

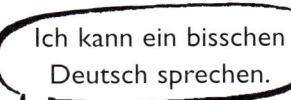

Ich kann ein bisschen Deutsch sprechen.

Ich kann nicht Auto fahren.

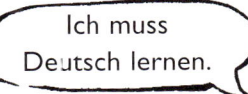

Ich muss Deutsch lernen.

Im Deutschkurs

1 Pablo lernt Deutsch

Pablo hat viele Fragen. Können Sie antworten?

1. „Computer": Wie heißt das auf Deutsch?
2. Wie spricht man das aus: 18,95 €?
3. „Journalist": Wie buchstabiert man das?
4. „Wörterbuch": Wie schreibt man das, groß oder klein?
5. Schreibt man alle Nomen groß?
6. Sagt man auf Deutsch auch „Souvenir"?

1. Das heißt Computer
   oder Rechner.
2. Man spricht:
   achtzehn Euro fünfundneunzig.
3. J – o – u – r – n – a – l – i – s – t.
4. Wörterbuch schreibt man groß.
5. Man schreibt alle Nomen groß.
6. Man kann auch Andenken sagen.

2 Schreiben und verstehen: *man*

	schreiben	buchstabieren	sagen
er • sie • es	schreib *t*	buchstabier	sag
man			

3 er, sie, es oder *man*?

Ergänzen Sie.

1. Ein Schreibwarenladen. Kann _man_ hier Wörterhefte kaufen?
2. Braucht _____ im Deutschkurs ein Wörterbuch?
3. Pablo lernt Deutsch. _____ braucht ein Wörterbuch.
4. Das Kind ist sechs Jahre alt. _____ geht schon in die Schule.
5. Wie sagt _____ „Souvenir" auf Deutsch?
6. Katrin hat keinen Fernseher, aber _____ möchte einen Fernseher kaufen.

Grammatik

1 Der Akkusativ

→ S. 145, 150, 132

Der Artikel

	m	f	n	Pl
bestimmt	den Stadtplan	die Zeitung	das Eis	die Eltern
unbestimmt	einen Stadtplan	eine Zeitung	ein Eis	– Eltern
negativ	keinen Stadtplan	keine Zeitung	kein Eis	keine Eltern

Wen? Was?

Person	Wen fotografiert Marlene?	–	Die Menschen in Freiburg.
keine Person	Was fotografiert Timo?	–	Das Münster und den Münsterturm.

Das Akkusativ-Objekt

Subjekt	Verb	Objekt	Objekt	Verb	Subjekt
Timo	fotografiert	das Münster.	Den Münsterplatz	fotografiert	er auch.
Frau Daume	kauft	die Zeitung.	Einen Stadtplan	kauft	sie auch.
Die Marktfrau	verkauft	Obst.	Eis	verkauft	sie nicht.

Achtung: Akkusativ-Objekt auf Position 1 → besondere Betonung

2 Das Präsens

→ S. 138, 143

	Verben mit Vokalwechsel			Modalverben	
	nehmen	essen	lesen	müssen	können
ich	nehme	esse	lese	muss	kann
du	nimmst	isst	liest	musst	kannst
er • sie • es	nimmt	isst	liest	muss	kann
wir	nehmen	essen	lesen	müssen	können
ihr	nehmt	esst	lest	müsst	könnt
sie • Sie	nehmen	essen	lesen	müssen	können
man	nimmt	isst	liest	muss	kann

3 Die Satzklammer: die Modalverben

→ S. 136

	Verb (Modalverb)	Satzmitte	Satzende (Infinitiv)
Die Kellnerin	muss	am Samstag	arbeiten.
Wo	kann	Frau Egli	einkaufen?
	Müssen	Herr und Frau Daume	arbeiten?

Satzklammer

Leute in Hamburg

1. Martin Miller:
   Journalist

2. Andrea Solling-Raptis:
   _____

3. Kostas Raptis:
   _____

---

1 | Hören | Sprechen | Lesen | **Schreiben** |

Leute und ihre Berufe

Bitte ordnen Sie zu: Bild und Beruf.

| Koch | Arzt | Deutschlehrerin |
| Verkäuferin | Rentnerin | ~~Journalist~~ |

---

2 | **Hören** | Sprechen | Lesen | Schreiben |

Beruferaten

Wer ist was von Beruf? Bitte hören Sie.

| **Krankenschwester** | | **Taxifahrer** | **Arzt** | **Köchin** | **Kellnerin** |
| **Hausfrau** | | **Busfahrer** | | **Verkäuferin** | |

1. Er ist _____.
2. Sie ist _____.

3. Er ist _____.
4. Sie ist _____.

4. Erna König:

_____ / _____

5. Clemens Opong:

_____

Wie heißen die Berufe?

ein Mann	eine Frau
der Taxifahrer	die _Taxifahrerin_
der Lehrer	die _____
der _____	die Verkäuferin
der Fotograf	die _____
der _____	die Journalistin
der Arzt	die Ärztin
der Koch	die _____

Was machen die Leute? Was sind sie von Beruf?

1. Martin Miller schreibt für eine Zeitung. Er ist _Journalist_____.
2. Erna König arbeitet nicht mehr. Sie ist _____.
3. Marlene Steinmann fotografiert Menschen und Städte. Sie ist _____.
4. Herr Mainka hat einen Bus, er fährt Touristen nach Österreich. Er ist _____.
5. Irene Mainka ist von Beruf Krankenschwester, sie arbeitet jetzt aber nicht.
   Im Moment ist sie _____.
6. Katrin Berger arbeitet im Café. Sie bringt Kaffee und Kuchen. Sie ist _____.

Ein Stadtspaziergang

1 Martin Miller besichtigt Hamburg

Hören | Sprechen | **Lesen** | Schreiben

Heute ist Martin Miller in Hamburg. Er schreibt eine Stadt-Reportage für die Zeitung.

Hamburg ist groß! Zuerst geht er in die Touristen-Information. Er braucht einen Stadtplan und Prospekte. Danach geht er in ein Café. Dort liest er die Prospekte und schaut auf den Stadtplan. Wohin kann er gehen? Was ist hier interessant?

Die Kirche St. Michaelis – „der Michel", sagen die Hamburger. Martin steigt auf den Kirchturm und schaut auf die Stadt: auf den Hafen und die Elbe, auf Häuser, auf Straßen …

Dann besichtigt er den Hafen und die Schiffe und geht noch auf den „Fischmarkt".

Jetzt hat er Hunger, deshalb geht er in ein Restaurant. Dort gibt es Aalsuppe, eine Hamburger Spezialität. Mmmh, die schmeckt gut!

Danach nimmt Martin die S-Bahn und fährt ins Zentrum, in die Fußgängerzone. Viele Läden sind sehr elegant und auch sehr teuer. Er geht in einen Schreibwarenladen und kauft Postkarten.

Und jetzt? Geht er noch in ein Museum? Nein, er ist sehr müde. Er nimmt ein Taxi und fährt ins Hotel.

2 Was kann man besichtigen?

Hören | Sprechen | **Lesen** | Schreiben

Bitte markieren Sie.

- [X] ein Museum
- [ ] einen Schreibwarenladen
- [ ] ein Café
- [ ] eine Kirche
- [ ] den Hafen
- [ ] ein Restaurant

3 Was macht Martin Miller?

Hören | Sprechen | **Lesen** | Schreiben

Richtig **r** *oder falsch* **f** *?*

1. Martin Miller kommt aus Hamburg. ____ r f̶
2. Er geht in die Touristen-Information. ____ r f
3. Er steigt auf den „Michel". ____ r f

4. Dann fährt er ins Zentrum. ____ r f
5. Er geht in ein Museum. ____ r f
6. Danach geht er zu Fuß ins Hotel. ____ r f

4 Wohin geht Martin Miller?

1 Er braucht einen Stadtplan.		**A** Er geht in ein Restaurant.		1	C
2 Er möchte auf die Stadt schauen.		**B** Er fährt ins Zentrum.		2	
3 Er hat Hunger.		**C** Er geht in die Touristen-Information.		3	
4 Er möchte Postkarten kaufen.		**D** Er fährt ins Hotel.		4	
5 Er möchte in die Fußgängerzone.		**E** Er steigt auf den Kirchturm.		5	
6 Er ist müde.		**F** Er geht in einen Schreibwarenladen.		6	

5 *auf* oder *in*? Was passt?

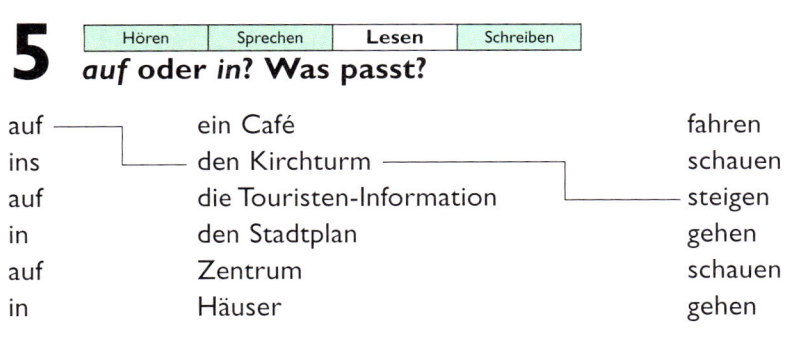

auf — ein Café — fahren
ins — den Kirchturm — schauen
auf — die Touristen-Information — steigen
in — den Stadtplan — gehen
auf — Zentrum — schauen
in — Häuser — gehen

6 Schreiben und verstehen: die Präpositionen *auf, in* + Akkusativ

m	der Kirchturm	auf	*den*	Kirchturm steigen	**Artikel: bestimmt**
f	die Fußgängerzone	in		Fußgängerzone gehen	
n	das Hotel	in	(= ins)	Hotel fahren	
Pl	die Straßen	auf	*die*	Straßen schauen	

m	ein Kirchturm	auf	*einen*	Kirchturm steigen	**Artikel: unbestimmt**
f	eine Fußgängerzone	in	*eine*	Fußgängerzone gehen	
n	ein Hotel	in		Hotel fahren	
Pl	Straßen	auf		Straßen schauen	

7 Und wohin gehen Sie?

1. Sie möchten einen Kaffee trinken.
2. Sie brauchen einen Stadtplan.
3. Sie möchten auf die Stadt schauen.

4. Sie möchten Deutsch lernen.
5. Sie möchten einen Fußball kaufen.
6. Sie brauchen Obst und Gemüse.

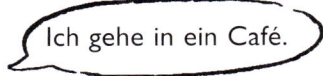

Ich gehe in ein Café.

Der Tag von Familie Raptis

1 Andrea Solling-Raptis, Deutschlehrerin

| Hören | Sprechen | **Lesen** | Schreiben |

a) Wie organisiert Andrea ihren Tag?

Morgens trinke ich zuerst meinen Kaffee. Ohne Kaffee geht nichts.
Dann wecke ich meinen Mann Kostas und die Kinder und mache unser
Frühstück. Wir frühstücken, danach fährt Kostas ins Krankenhaus. Er ist
Arzt. Ich bringe Lena und Jakob in den Kindergarten. Dort treffen sie
ihre Freunde. Jetzt bereite ich meinen Unterricht vor und mache den
Haushalt. Mittags essen Lena, Jakob und ich zusammen zu Mittag.
Mein Mann kommt erst abends zurück. Sein Beruf ist sehr anstrengend.
Nachmittags habe ich Zeit für unsere Kinder. Wir spielen, wir gehen spazieren oder besuchen Nachbarn.
Abends gehe ich in die Volkshochschule und unterrichte Deutsch. Da ist mein Mann zu Hause. Die Kinder
und Kostas essen zusammen zu Abend, dann bringt er die Kinder ins Bett.

b) Tageszeit und Mahlzeit: Bitte suchen Sie die Wörter im Text.

Tageszeit		Mahlzeit	
6–12 Uhr:	_morgens_	das Frühstück:	_____
12–14 Uhr:	_____	das Mittagessen:	_zu Mittag essen_
14–18 Uhr:	_____		
18–24 Uhr:	_____	das Abendessen:	_____
0– 6 Uhr:	_nachts_		

2 Wer macht was?

| Hören | Sprechen | Lesen | **Schreiben** |

meinen Mann wecken / ihre Freunde treffen / den Haushalt machen / die Kinder ins Bett bringen /
meinen Unterricht planen / in den Kindergarten gehen / ins Krankenhaus fahren

Andrea: _meinen Mann_   Lena und Jakob: _____   Kostas: _____

wecken _____   _____   _____

3 Schreiben und verstehen: der Possessivartikel (Akkusativ)

| Hören | Sprechen | Lesen | **Schreiben** |

	m ▽	**f** ▽	**n** ▽	**Pl** ▽
Nominativ	mein Mann	meine Familie	mein Frühstück	meine Kinder
Akkusativ	_____ Mann	_meine_ Familie	_mein_ Frühstück	_meine_ Kinder

4

Was passt?

1. Morgens trinkt Andrea zuerst *ihren* _____ Kaffee.
2. Dann weckt sie _____ Mann und _____ Kinder.
3. Jakob geht in den Kindergarten. Dort trifft er _____ Freunde.
4. Jetzt kann Andrea _____ Deutschunterricht planen.
5. Nachmittags besuchen Andrea, Lena und Jakob _____ Nachbarn.
6. Abends bringt Kostas _____ Kinder ins Bett.

5

Wer? Was? Wann?

a) Wer macht was?

1. Lena und Jakob: „Mama macht unser Frühstück. Wir …"
2. Kostas: „Morgens frühstücken wir zusammen. Dann fahre ich …"

b) Und Sie?

> Morgens trinke ich keinen Kaffee, ich trinke Tee. Ich …

6

Und jetzt erzählt Kostas

Hören Sie und kreuzen Sie an (X).

1. Er kommt aus
   - ☐ Deutschland.
   - ☐ Griechenland.
   - ☐ Russland.

2. Er arbeitet
   - ☐ am Montag und am Freitag.
   - ☐ von Montag bis Freitag.
   - ☐ von Montag bis Freitag und manchmal auch am Wochenende.

3. Er findet seine Arbeit
   - ☐ anstrengend.
   - ☐ nicht interessant.
   - ☐ neu.

4. Am Wochenende hat er
   - ☐ immer
   - ☐ nie   Zeit für seine Familie.
   - ☐ oft

7

Hören und sprechen: ei – ie

a) Familie Raptis

1. Die Kinder sind klein. Sie spielen.
2. Andrea und die Kinder spielen.
3. Sie gehen spazieren.
4. Kostas hat keine Zeit. Seine Arbeit ist nicht leicht.
5. Seine Frau arbeitet auch viel.

b) Herr Stein

▶ Wie heißen Sie?
◁ Dieter Stein.
▶ Sind Sie verheiratet?
◁ Nein, nein, ich habe keine Frau, ich bin allein.
▶ Arbeiten Sie in Leipzig?
◁ Nein, nein, in Wein – äh in Wien.

Früher und heute

1 Erna König, Rentnerin, erzählt

Hören | Sprechen | Lesen | Schreiben

a) Hören Sie das Gespräch und lesen Sie dann zu zweit.

Martin Miller	Waren Sie schon einmal hier?
Erna König	Ja, schon oft. Nachmittags trinke ich hier gern Tee. Sind Sie nicht aus Hamburg?
Martin Miller	Nein, ich komme aus Australien. Ich bin Journalist.
Erna König	Oh, dann haben Sie wohl viel Arbeit?
Martin Miller	Ja, ja, ich habe nicht viel Zeit.
Erna König	Ach ja, ich bin Rentnerin, aber ich habe auch nicht viel Zeit. Ich bin sehr aktiv.
Martin Miller	Was waren Sie von Beruf?
Erna König	Ich war Verkäuferin. Meine Eltern hatten ein Lebensmittelgeschäft, hier in Hamburg. Das Geschäft war klein, aber ich hatte viel Arbeit. Heute sind die Supermärkte ja oft so groß!
Martin Miller	Ist das nicht gut?
Erna König	Doch, aber früher gab es dort immer Zeit für Gespräche, Kunden und Verkäuferinnen hatten Kontakt. Das war schön.
Martin Miller	War denn früher alles gut, Frau König?
Erna König	Nein, natürlich nicht. Aber man hatte mehr Zeit. Na ja, heute ist es auch gut. Ich gehe schwimmen, ich treffe Freundinnen … Gestern waren wir im Kino. Woher kommen Sie denn?
Martin Miller	Aus Sydney.
Erna König	Ach ja? Erzählen Sie doch mal, wie ist Sydney denn?

b) Früher oder heute? Bitte ergänzen Sie.

Frau König war Verkäuferin. → *früher*   Die Geschäfte waren klein. → _____

Frau König ist Rentnerin. → _____   Es gab Gespräche und Kontakt. → _____

Frau König hat nicht viel Zeit. → _____   Die Supermärkte sind groß. → _____

2 Schreiben und verstehen: das Präteritum

Hören | Sprechen | Lesen | Schreiben

	sein	haben	es gibt
ich			
du	*warst*	*hattest*	
er • sie • es			*es*
wir	*waren*	*hatten*	
ihr	*wart*	*hattet*	
sie • Sie			

5

vierundsechzig

64

3

| Hören | Sprechen | Lesen | **Schreiben** |

haben – sein – es gibt: **Frau König erzählt**

Bitte ergänzen Sie.

Früher _war_ ich Verkäuferin. Meine Eltern _____ ein Lebensmittelgeschäft hier in Hamburg. Da _____ es viel Arbeit. Aber ich _____ auch viel Kontakt und es _____ immer Zeit für Gespräche. Heute _____ ich Rentnerin. Aber ich _____ nicht viel Zeit, ich _____ sehr aktiv. Gestern _____ meine Freundinnen und ich in Bremen, heute gehen wir ins Kino und bald _____ wir in Italien und machen Urlaub. Tja, früher _____ man kein Geld, heute _____ man keine Zeit!

4

| Hören | **Sprechen** | Lesen | Schreiben |

Was hatten Sie früher?

| **ein Auto** | **Zeit** | **ein Deutschbuch** | **Freunde in Deutschland** |
| **ein Haustier** | | **ein Radio** | **einen Computer** |

> Früher hatte ich kein Auto.

5

| Hören | Sprechen | **Lesen** | Schreiben |

Ja, nein **oder** *doch?*

Bitte suchen Sie im Dialog.

		Antwort **+**	Antwort **–**
Frage +	Waren Sie schon einmal hier?	_Ja_, schon oft.	
	War denn früher alles gut, Frau König?		_____, natürlich nicht. Aber man hatte mehr Zeit.
Frage –	Sind Sie nicht aus Deutschland?		_____, ich komme aus Australien.
	Ist das nicht gut?	_____, aber früher gab es dort immer Zeit für Gespräche.	

6

| Hören | **Sprechen** | Lesen | Schreiben |

Antworten Sie: *ja, nein* **oder** *doch?*

1. Lernen Sie Deutsch?
2. Verstehst du kein Deutsch?
3. Möchten Sie Deutsch sprechen?
4. Haben wir heute Deutschkurs?
5. Hast du kein Wörterbuch?
6. Machen Sie nicht mit?

> Ja, ich lerne Deutsch.

Eine Spezialität aus Hamburg

1
| Hören | Sprechen | Lesen | **Schreiben** |
Lebensmittel oder nicht?

das Trockenobst · die Fleischbrühe · die Kräuter · das Öl · der Topf · der Aal · die Karotte · der Essig · der Pfe... · das Salz · der Lauch · die Gabel · der Teller · das Messer

a) Was fehlt?

☐ das Messer ☐ die Gabel ☐ der Löffel

b) Ordnen Sie.

Lebensmittel	keine Lebensmittel
die Fleischbrühe,	*der Topf,*

2 Ein Tipp von Clemens Opong

Hören | Sprechen | **Lesen** | Schreiben

a) Lesen Sie bitte.

Zuerst wasche ich den Aal und schneide ihn klein. Dann lege ich ihn ins Wasser und koche ihn. Ich nehme noch einen Topf und koche eine Brühe. Ich schneide die Kräuter und gebe sie in die Brühe. Dazu kommt noch ein bisschen Essig. Und jetzt das Gemüse: Zuerst wasche ich es, dann schäle ich die Karotte und schneide sie klein. Den Lauch schneide ich auch klein. Ich lege das Trockenobst 30 Minuten ins Wasser. Dann gebe ich das Trockenobst und das Gemüse in die Suppe und koche alles zusammen. Salz und Pfeffer nicht vergessen! Zum Schluss kommt der Aal in die Suppe. Noch einmal alles zusammen kochen.

b) Was kocht Clemens Opong?   Er kocht ☐ Gemüsesuppe ☐ Aalsuppe ☐ Kartoffelsuppe

3 Zutaten und Zubereitung

Hören | Sprechen | Lesen | **Schreiben**

Was passt zusammen?

den Fisch	**waschen**	
die Kartoffeln	**klein schneiden**	
das Gemüse	**schälen**	**salzen**
das Fleisch	**pfeffern**	
das Obst	**braten**	**kochen**

den Fisch: *waschen, salzen,* _____

_____

die Kartoffeln: _____

_____

4 Schreiben und verstehen: das Pronomen (Akkusativ)

Hören | Sprechen | Lesen | **Schreiben**

m	der Aal	Ich koche den Aal.	Ich koche *ihn* .
f	die Karotte	Ich schneide die Karotte.	Ich schneide .
n	das Gemüse	Ich wasche das Gemüse.	Ich wasche .
Pl	die Kräuter	Ich gebe die Kräuter in die Suppe.	Ich gebe in die Suppe.

5 Kochen Sie auch?

Hören | **Sprechen** | Lesen | Schreiben

der Fisch   die Kräuter   die Suppe   die Bananen   das Fleisch
der Lauch   die Kartoffeln   die Tomaten

Ich wasche den Fisch, ich salze ihn und brate ihn.

Jetzt kennen Sie Leute in Hamburg!

1 | Hören | Sprechen | **Lesen** | Schreiben |

für und *ohne*

① Für wen macht Andrea das Frühstück?

② Wofür braucht Clemens den Aal?

③ Ohne wen geht Frau König nicht ins Kino?

④ Ohne was kann Andrea nicht arbeiten?

A	Ohne ihre Freundinnen.
B	Für die Aalsuppe.
C	Ohne ihren Kaffee.
D	Für ihren Mann und ihre Kinder.

1	D
2	
3	
4	

2 | Hören | Sprechen | Lesen | **Schreiben** |

Schreiben und verstehen: die Präpositionen *für, ohne* + Akkusativ

	W-Frage	
Person	Für *wen* arbeiten Andrea und Kostas? – Für ihre Kinder.	Ohne macht Frau König keinen Urlaub? – Ohne ihre Freundinnen.
keine Person	brauchen Andrea und Kostas Geld? – Für ihr Haus.	Ohne kann Andrea nicht arbeiten? – Ohne ihren Kaffee.

3 | Hören | Sprechen | **Lesen** | Schreiben |

Familienidylle

Kostas	Du bist die Idealfrau für mich.
Andrea	Ohne dich ist das Leben nicht schön. Du verstehst mich.
Kostas	Ein Abend nur für uns ist schön, aber immer ohne unsere Kinder – das ist nichts für mich.
Andrea	Für mich auch nicht. Unsere Kinder sind ein großes Glück für uns zwei!
Kostas	Ja, ohne dich und die Kinder, ohne euch drei, möchte ich nicht sein.

4 | Hören | Sprechen | Lesen | **Schreiben** |

Schreiben und verstehen: das Pronomen (Akkusativ)

Nominativ	ich	du	wir	ihr
Akkusativ	*mich*			

5 | Hören | **Sprechen** | Lesen | Schreiben |

Und Sie?

a) *Wofür arbeiten Sie? Wofür brauchen Sie Geld? Oder für wen?*

b) *Ohne was können oder wollen Sie nicht sein? Oder ohne wen?*

Ich brauche Geld für meinen Urlaub.

Ohne Arbeit kann ich nicht leben.

Haus   Freunde   Auto
Schule   Computer
Familie   Schokolade   Schule
Wörterbuch   Urlaub   Arbeit

Grammatik

1 Präpositionen

→ S. 151

auf, in

m	f	n	Pl
auf den Turm	auf die Straße	auf das Schiff	auf die Türme
auf einen Turm	auf eine Straße	auf ein Schiff	auf Türme
in den Laden	in die Fußgängerzone	in das (ins) Café	in die Cafés
in einen Laden	in eine Fußgängerzone	in ein Café	in Cafés

Regel: *Wohin?* → *auf* und *in* mit Akkusativ.

für, ohne

		W-Frage
Kostas arbeitet viel für seine Familie.	**Person:**	Für wen arbeitet er?
Sie brauchen Geld für ihr Haus.	**keine Person:**	Wofür brauchen sie Geld?
Ohne dich ist das Leben nicht schön.	**Person:**	Ohne wen ist das Leben nicht schön?
Ohne meinen Kaffee geht nichts!	**keine Person:**	Ohne was geht nichts?

Regel: *für* und *ohne* immer mit Akkusativ.

2 Der Possessivartikel: Akkusativ

→ S. 148

	m		f		n		Pl	
ich	meinen	Beruf	meine	Familie	mein	Haus	meine	Freunde
du	deinen	Beruf	deine	Familie	dein	Haus	deine	Freunde
er	seinen	Beruf	seine	Familie	sein	Haus	seine	Freunde
sie	ihren	Beruf	ihre	Familie	ihr	Haus	ihre	Freunde
es	seinen	Beruf	seine	Familie	sein	Haus	seine	Freunde
wir	unseren	Beruf	unsere	Familie	unser	Haus	unsere	Freunde
ihr	euren	Beruf	eure	Familie	euer	Haus	eure	Freunde
sie	ihren	Beruf	ihre	Familie	ihr	Haus	ihre	Freunde
Sie	Ihren	Beruf	Ihre	Familie	Ihr	Haus	Ihre	Freunde

3 Das Präteritum: *haben, sein, es gibt*

→ S. 142

	haben	sein	es gibt
ich	hatte	war	
du	hattest	warst	
er • sie • es	hatte	war	es gab
wir	hatten	waren	
ihr	hattet	wart	
sie • Sie	hatten	waren	

4 Das Pronomen: Akkusativ

→ S. 149

ich	**du**	**er • sie • es**	**wir**	**ihr**	**sie • Sie**
mich	dich	ihn sie es	uns	euch	sie Sie

Lektion 6

Abi 90

Einladung

Klassentreffen

am Samstag, 15. Juli 2000, in Leipzig

Programm

von 15 bis 18 Uhr: Stadtspaziergang
Treffpunkt: Augustusplatz, Brunnen

16 Uhr: Kaffeepause
im Café Riquet

ab 19.30 Uhr: Feiern mit Essen,
Trinken und Musik
Ort: Gosenschenke „Ohne Bedenken"
(Menckestraße 5)

---

1 | Hören | Sprechen | **Lesen** | Schreiben

Das Klassentreffen

Lesen Sie die Einladung zum Klassentreffen und antworten Sie.

1. Wie viele Jahre liegt das Abi (Abitur) zurück?
2. Wo findet das Klassentreffen statt?
3. Was macht die Klasse nachmittags, von 15 bis 18 Uhr?
4. Wie heißt der Treffpunkt?
5. Wann gibt es eine Kaffeepause?
6. Was machen die Leute abends?

A

**Was unter den Blumen die Rose,
ist unter den Bieren die Gose!**

B

C

Was ist Gose? Die Gose ist ein Bier, es schmeckt ein
bisschen sauer. Die Gose ist schon ca. 1000 Jahre alt und
kommt aus Goslar (Harz). Seit 1738 gibt es die Gose
in Leipzig. Auch Goethe hat gern Gose getrunken.

D

2 Das Programm

| Hören | Sprechen | **Lesen** | Schreiben |

Bitte ordnen Sie zu: Programmpunkt und Bild. Ein Bild bleibt übrig.

1. Treffpunkt: Bild _____
2. Kaffeepause: Bild _____
3. Feier: Bild _____

3 Ein Telefongespräch: Wer? Was? Wann?

| **Hören** | Sprechen | Lesen | Schreiben |

Hören Sie und antworten Sie.

1. Wer telefoniert?
2. Was müssen Steffi, Jens und Kevin machen?
3. Wann haben alle Zeit?

Das Klassentreffen

1 Die Einladung

Hören Sprechen **Lesen** Schreiben

a) Bitte lesen Sie den Brief.

Leipzig, im Mai

Liebe Leute,

Abi 90: Wisst ihr noch? Da haben wir Abitur
gemacht. Wir haben damals gesagt:
„2000 machen wir ein Klassentreffen."

Jetzt ist es so weit: Zehn Jahre sind vorbei.
Viele Mitschüler wohnen nicht mehr in Leipzig.
Wir drei – Steffi, Jens und ich – sind immer noch
hier. Wir haben Glück gehabt und haben hier eine
Arbeit gefunden.

Gestern haben wir zusammen im Café gesessen.
Wir haben unser Klassentreffen geplant. Es war
wie früher: Jens hat drei Stück Apfelkuchen
gegessen, Steffi hat wie immer viel Milchkaffee
getrunken und ich meinen Tee. Es war lustig,
wir hatten viele Ideen und haben viel gelacht.

In Leipzig hat es viele Veränderungen gegeben.
Aber keine Angst: Es ist immer noch unser
Leipzig. Hoffentlich könnt ihr alle kommen!

Herzliche Grüße
Steffi, Jens und Kevin

b) Richtig r oder falsch f ? Bitte markieren Sie.

1. Steffi, Jens und Kevin arbeiten in Leipzig. _____ r⃠ f
2. Sie planen ein Klassentreffen. _____ r f
3. Jens isst nicht gern Apfelkuchen. _____ r f
4. Steffi trinkt gern Milchkaffee. _____ r f
5. Kevin trinkt keinen Tee. _____ r f
6. In Leipzig ist alles wie früher. _____ r f

2

haben gemacht – machen

Finden Sie die passenden Infinitive.

Perfekt	Infinitiv
wir haben gemacht	*machen*
wir haben gesagt	
wir haben geplant	
wir haben gehabt	
wir haben gelacht	
es hat gegeben	
wir haben gefunden	
sie hat getrunken	
er hat gegessen	
wir haben gesessen	

essen   haben   finden   lachen   geben   ~~machen~~   sagen   planen   trinken   sitzen

3

Schreiben und verstehen: das Perfekt (1)

Freitag, 12. Mai	Samstag, 13. Mai		
Was *machen* die drei heute?	**Was *haben* die drei gestern *gemacht*?**		
Steffi, Jens und Kevin sitzen im Café.	Sie	*haben* im Café	*gesessen* .
Sie planen das Klassentreffen.	Sie	das Klassentreffen	.
Steffi trinkt Milchkaffee.	Sie	Milchkaffee	.
Jens isst Apfelkuchen.	Er	Apfelkuchen	.
Sie lachen viel.	Sie	viel	.

4

Was haben Sie gestern gemacht?

Sprechen Sie im Kurs.

gemacht   getrunken   geplant   gegessen
gelacht   gefunden   gesessen   gehabt

▶ Ich habe gestern Deutschunterricht gehabt.
◁ Ich habe gestern Sport gemacht.

Treffpunkt Augustusplatz

1 | Hören | Sprechen | Lesen | **Schreiben** |

Vier Personen sind nicht gekommen. Was ist passiert?

a) Bild und Wort. Was passt?

| fliegen | gehen | krank werden | nach Erfurt fahren |

_____   _____   _____

b) Hören Sie den Dialog und ordnen Sie die Namen zu.

1. Wer ist krank geworden? _____
2. Wer ist nach Erfurt gefahren? _____
3. Wer ist nach Spanien geflogen? _____
4. Wer ist ins Café gegangen? _____

| Sascha | Kevin |
Elisabeth
Tanja

2 | Hören | Sprechen | Lesen | Schreiben |

Die Postkarte von Elisabeth

a) Bitte lesen Sie.

Erfurt, 13. Juli

Lieber Kevin,

*vielen Dank für die Einladung. Leider kann ich nicht kommen.
Meine Großmutter hat Geburtstag gehabt, sie ist 85 geworden!
Und deshalb bin ich nach Erfurt gefahren. Wir haben schön
gefeiert und ich habe endlich wieder viele Freunde und Verwandte
getroffen. Und jetzt bin ich noch ein paar Tage in Erfurt
geblieben. Wir sind auch schon in Eisenach gewesen und haben
die Wartburg gesehen.*

*Viele Grüße und hoffentlich bis bald,
deine Elisabeth*

*Herrn
Kevin Wagner
Nikolaistraße 9*

04109 Leipzig

b) Was hat Elisabeth gemacht?

Sie *ist*_____ nach Erfurt gefahren. Ihre Großmutter _____ 85 geworden. Dort _____
Elisabeth viele Freunde getroffen. Dann _____ Elisabeth noch ein paar Tage geblieben. Sie _____
auch in Eisenach gewesen und _____ die Wartburg gesehen.

3

| Hören | Sprechen | Lesen | **Schreiben** |

haben und *sein*

Infinitiv und Partizip Perfekt: Bitte ordnen Sie.

| bleiben | ~~werden~~ | fahren | ~~haben~~ | feiern | treffen | sein | sehen |

Verben mit *haben*	Verben mit *sein*
haben – gehabt,	werden – geworden,

4

| Hören | Sprechen | Lesen | **Schreiben** |

Schreiben und verstehen: das Perfekt (2)

Perfekt mit *haben*			Perfekt mit *sein*: Veränderung/Bewegung			
finden	ich		eine Arbeit gefunden	fahren	wir	nach Prag gefahren
essen	er		Kuchen gegessen	gehen	du	ins Kino gegangen
feiern	ihr		Geburtstag gefeiert	werden	er	krank geworden
				sein	ihr *seid*	in Erfurt gewesen
				bleiben	sie *sind*	in Leipzig geblieben

5

| Hören | **Sprechen** | Lesen | Schreiben |

Wer hat was gemacht?

a) Bilden Sie Sätze.

Sascha	hat	haben		nicht nach Leipzig		geworden	gekommen
Elisabeth	ist	sind	Freunde		krank	geblieben	getroffen
				in Erfurt			

▶ Sascha ist krank geworden.

b) Sprechen Sie im Kurs.

| gestern | letzte Woche | | keinen Sport machen | Freunde treffen | Kuchen essen |
| letztes Jahr | im Jahr 2000 | | keinen Urlaub machen | viel arbeiten | spazieren gehen |

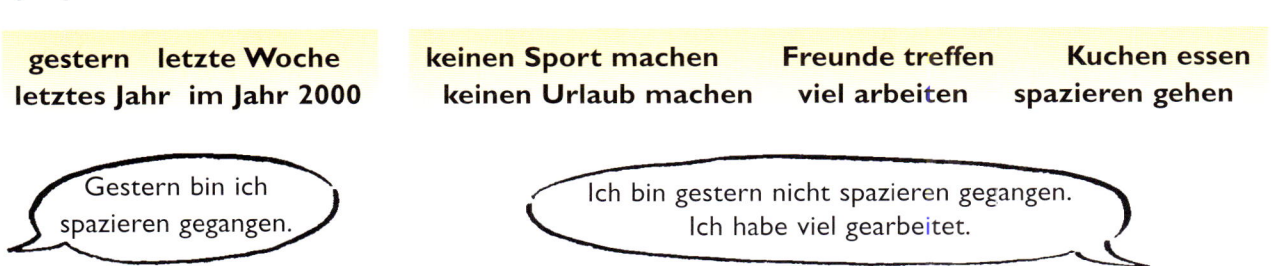

Gestern bin ich spazieren gegangen.

Ich bin gestern nicht spazieren gegangen. Ich habe viel gearbeitet.

6 gesagt – getrunken

Ordnen Sie die Partizipien.

~~geflogen~~   gehabt   gefunden   gesehen   gelacht   gegessen
gegangen   gewesen   gefeiert   gegeben   geplant   getroffen
gesessen   geblieben   geworden   gefahren   gemacht

ge**sag**t	ge**trunk**en
gehabt,	*geflogen,*

7 Schreiben und verstehen: das Partizip Perfekt

regelmäßig:	**ge- -t**	**unregelmäßig:**	**ge- -en**
machen	*ge* mach *t*	fahren	fahr
haben	hab	finden	*ge* fund *en*
planen	plan	werden	word
arbeiten	arbeite	sein	wes

8 Heute – gestern

~~arbeiten~~   trinken   feiern   **Fahrrad fahren**   **zu Hause bleiben**

▶ Heute arbeite ich nicht.   ◁ Gestern hast du auch nicht gearbeitet.

9 Hören und sprechen: unbetontes e

a) Hören und sprechen Sie.

planen – geplant – die Reise geplant   essen – gegessen – gut gegessen
fahren – gefahren – Zug gefahren   lachen – gelacht – viel gelacht
sitzen – gesessen – im Restaurant gesessen

b) Eine Reise. Bitte hören Sie.

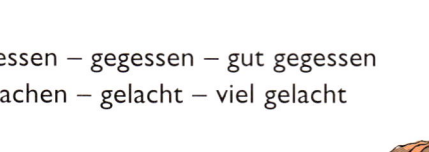

Stadtspaziergang durch Leipzig

1

Hören · Sprechen · **Lesen** · Schreiben

Leipzig – Stadt des Handels und des Wandels

Ordnen Sie zu: vier Bilder und drei Texte. Ein Bild bleibt übrig.

1

2

A Die Nikolaikirche steht mitten in der Altstadt. 1989 haben viele Leipziger hier für den Frieden gebetet. Hier haben die Montags-demonstrationen begonnen. Die Nikolaikirche ist ein Symbol für die friedliche Revolution in der DDR geworden.

3

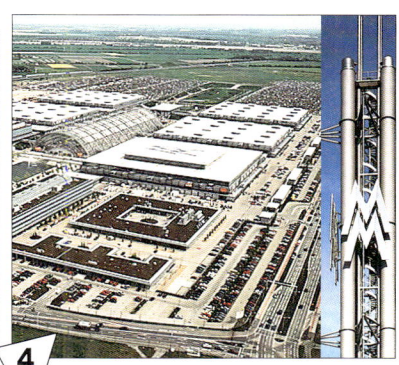

4

B Leipzig ist schon immer eine Messe-stadt gewesen. Das „Doppel-M" ist das Symbol. Es bedeutet **M**uster**m**esse. Zweimal im Jahr kommen Produzenten und Besucher aus aller Welt.

C Johann Sebastian Bach war von 1723 bis 1750 Kantor an der Thomaskirche. Hier hat er viele Passionen, Kantaten und Choräle komponiert und den Thomanerchor geleitet. Im Thomanerchor haben auch die Sänger der Popgruppe „Die Prinzen" gesungen.

2

Hören · **Sprechen** · Lesen · **Schreiben**

Bild und Text

a) Ein Text fehlt. Suchen Sie Wörter. Was passt?

Einkaufspassage, Geschäfte, _____

elegant, _____

spazieren gehen, _____

b) Schreiben Sie einen Text.

Jahrgang „19 hundert 72"

1

| Hören | Sprechen | Lesen | Schreiben |

Jahreszahlen

Hören Sie und schreiben Sie die Zahl.

1. 1972: _____*neunzehn*_ hundert _*zweiundsiebzig*_____
2. 1989: _____ hundert _____
3. 1508: _____ hundert _____
4. 2010: _____ tausend _____
5. 2035: _____ tausend _____

2

| Hören | Sprechen | Lesen | Schreiben |

Der Lebenslauf von Kevin

a) Was passt zusammen? Bitte hören Sie.

1972	Gitarre und Klavier studiert
von 1978 bis 1990	Claudia geheiratet
1989	demonstriert
1990	keine Arbeit gehabt
bis 1994	geboren
bis 1995	Abitur gemacht
1998	in die Schule gegangen

b) Bitte ergänzen Sie.

| Studium | Heirat | ~~Leipzig~~ | arbeitslos | Schule | Abitur | von ... bis |

Lebenslauf

Kevin Wagner
Nikolaistr. 9
04109 Leipzig

1972	geboren in *Leipzig*_____
von 1978 bis 1982	polytechnische _____
____ **1982** ____ **1990**	Thomas-Schule; Sänger im Thomanerchor
1990	Schulabschluss: _____
von 1990 bis 1994	_____ an der Musikhochschule: Gitarre und Klavier
von 1994 bis 1995	_____
seit 1995	Gitarrist und Texter für die Band „Niemand ist perfekt"
1998	_____

3 Hören Sprechen Lesen **Schreiben**
Vergangenheit oder Gegenwart?

Ergänzen Sie die Biografie von Steffi.

Steffi ist 1972 in Leipzig geboren. Sie *ist* _____ von 1978 bis 1982 in die Grundschule *gegangen*
(gehen). Von 1982 bis 1990 _____ Steffi mit Jens und Kevin in die Thomas-Schule _____
(gehen). Ihr Abitur _____ sie 1990 _____ (machen), ihren Hochschulabschluss 1995. Dann
_____ sie Glück _____ (haben) und eine Arbeit _____ (finden). Sie _____
(sein) Lehrerin für Sport. Im Studium _____ sie ihren Traummann Markus _____ (treffen).
1996 _____ Markus und Steffi _____ (heiraten). Jetzt _____ (haben) sie eine Tochter,
sie _____ (sein) ein Jahr alt. Markus _____ (bleiben) deshalb zu Hause, Steffi _____
(arbeiten) weiter.

4 Hören **Sprechen** Lesen **Schreiben**
Biografien

a) Bereiten Sie ein Interview vor.
   Schreiben Sie die Fragen.

- geboren
- in die Schule gegangen
- studiert
- arbeitslos gewesen
- gearbeitet
- nach Deutschland gekommen /
  in Deutschland gewesen
- geheiratet
- ...

1. *Wann und wo sind Sie geboren? / Wann und wo bist du geboren?*

2. _____

b) Machen Sie ein Interview im Kurs.

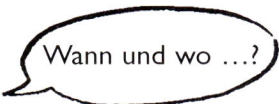

Wann und wo ...?

c) Stellen Sie dann Ihren Partner oder Ihre Partnerin im Kurs vor.

Herr Lattef ist 1956 in
Rabat geboren. Er ...

Frau Rozynek ist 1965 in
Warschau geboren. Sie ...

Kommen und gehen

1

| **Hören** | Sprechen | Lesen | Schreiben |

Wer kommt wann zum Klassentreffen?

Was hören Sie? Kreuzen Sie an.

1. Alex kommt um 10.30 Uhr. Er sagt, er kommt

um ☐ halb zehn.
um ☐ halb elf.

2. Jutta kommt um 15.15 Uhr. Sie sagt, sie kommt

um ☐ Viertel vor drei.
um ☐ Viertel nach drei.

3. Lutz kommt um 19.45 Uhr. Er sagt, er kommt

um ☐ Viertel vor acht.
um ☐ Viertel nach acht.

4. Mandy kommt um 17.10 Uhr. Sie sagt, sie kommt

um ☐ zehn vor fünf.
um ☐ zehn nach fünf.

2

| Hören | Sprechen | Lesen | **Schreiben** |

Die Uhrzeit

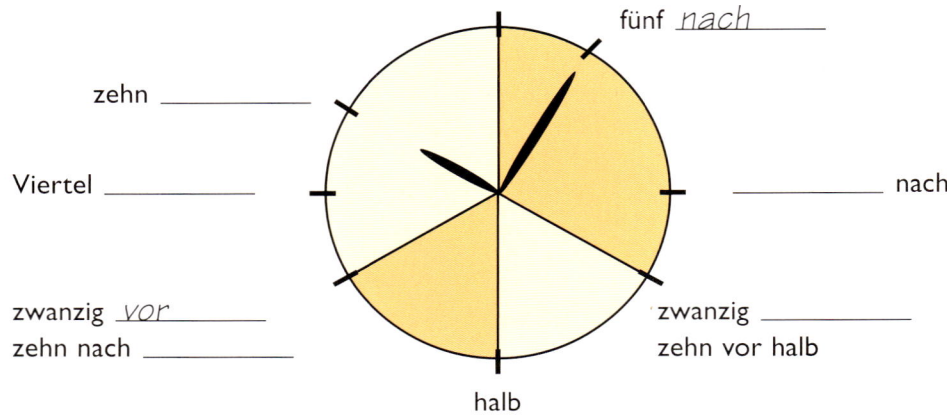

fünf *nach* _____

zehn _____

Viertel _____

zwanzig *vor* _____
zehn nach _____

_____ nach

zwanzig _____
zehn vor halb

halb

3

| Hören | **Sprechen** | Lesen | Schreiben |

Wie viel Uhr ist es? Es ist …

      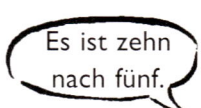

Es ist zehn nach fünf.

4

| **Hören** | Sprechen | Lesen | Schreiben |

Wer fährt wann nach Hause?

Was hören Sie? Ordnen Sie zu.

1 Peggy fährt um
2 Horst fährt um
3 Kirsten fährt um
4 Dennis fährt um

A 13.00 Uhr
B 23.20 Uhr
C 12.30 Uhr
D 24.00 Uhr

1 ☐
2 ☐
3 ☐
4 ☐

Grammatik

1 Das Perfekt

→ S. 141

Das Perfekt mit haben

	haben		Partizip Perfekt
Ich	habe	eine Arbeit	gefunden.
Steffi	hat	Kaffee	getrunken.
Es	hat	Veränderungen	gegeben.
Wir	haben	viel	gelacht.
Alle	haben	einen Spaziergang	gemacht.

Das Perfekt mit sein

	sein		Partizip Perfekt
Du	bist	ins Kino	gegangen.
Elisabeth	ist	in Erfurt	geblieben.
Sascha	ist	krank	geworden.
Wir	sind	gestern in Berlin	gewesen.
Ihr	seid	nach Prag	gefahren.

Regel: Die meisten Verben bilden das Perfekt mit **haben**. Einige Verben bilden das Perfekt mit **sein**, z. B. Verben der Bewegung (*fahren*), Verben der Veränderung (*werden*), die Verben *sein* und *bleiben*.

2 Das Partizip Perfekt

→ S. 141

Regelmäßige Verben

Infinitiv	Partizip Perfekt		
haben	ge-	hab	-t
machen	ge-	mach	-t
planen	ge-	plan	-t
sagen	ge-	sag	-t
feiern	ge-	feier	-t

Unregelmäßige Verben

Infinitiv	Partizip Perfekt		
fahren	ge-	fahr	-en
finden	ge-	fund	-en
werden	ge-	word	-en
bleiben	ge-	blieb	-en
sein	ge-	wes	-en

Achtung: gearbeit**e**t; geheirat**e**t
Regel: Lernen Sie Infinitiv und Partizip immer zusammen.

3 Die Satzklammer: das Perfekt

→ S. 136

	Verb (Hilfsverb haben / sein)	Satzmitte	Satzende (Partizip Perfekt)
Du	hast	viel	gelacht.
Ich	bin	müde	gewesen.
Wen	hat	Steffi	geheiratet?
Wohin	ist	Kevin	gegangen?
	Haben	Sie Arbeit	gefunden?
	Seid	ihr nach Spanien	geflogen?

Satzklammer

Ein Hotel in Salzburg

Genießen Sie Ihren Aufenthalt in der Mozart-stadt in einem typischen Salzburger Altstadthaus aus dem 15. Jahrhundert.
Zentral, nur wenige Gehminuten von den meisten Sehenswürdigkeiten und Festspielhäusern entfernt in der Fußgängerzone gelegen, ist das Hotel Amadeus der ideale Ausgangspunkt für Ihren Salzburg-Aufenthalt.

Der Tag beginnt mit einem reichhaltigen Frühstücksbuffet im Frühstücksraum – natürlich all inclusive!
Sie wohnen in gemütlich eingerichteten Zimmern mit Fern-seher, Telefon und Dusche oder Bad/WC.
Günstige Parkgarage ums Eck.

Zimmerpreise:			*Hochsaison*
	Einzelzimmer:	53 €	68 €
	Doppelzimmer:	87 €	130 €
	Dreibettzimmer:	109 €	145 €
	Appartement:	130 €	174 €

Hotel Amadeus, Linzer Gasse 43-45, 5020 Salzburg, Österreich
www.hotelamadeus.at, Tel. +43-662-87 14 01, Fax 87 14 017
E-Mail salzburg@hotelamadeus.at

1 Das Hotel Amadeus

Hören	**Sprechen**	**Lesen**	Schreiben

Lesen Sie den Hotelprospekt.

das Einzelzimmer	das Doppelzimmer	der Frühstücksraum	die Dusche
das WC	das Schwimmbad	die Garage	der Biergarten
die Bar	der Fernseher	das Telefon	das Bad

Ein Einzelzimmer kostet …   Die Zimmer haben …   Es gibt ein …

2 Hotelberufe

| Hören | Sprechen | Lesen | **Schreiben** |

Wer arbeitet im Hotel Amadeus?

| Empfangschefin | Zimmermädchen | Koch | Musiker | Hotelier | Ober |

1. Judit Kovács empfängt die Gäste. Sie ist *Empfangschefin* _____.
2. Valentina Ponte und Barbara Nováková räumen die Zimmer auf. Sie sind _____.
3. Toni Walketseder macht das Essen für die Gäste. Er ist _____.
4. Max Hinterleitner macht Zithermusik. Er ist _____.
5. Herr und Frau Walketseder sind die Hotelbesitzer. Herr Walketseder ist _____.
6. Jan Mikulski serviert das Essen und bringt die Getränke. Er ist _____.

3 Der Hotelchef informiert

| **Hören** | Sprechen | Lesen | Schreiben |

Richtig r *oder falsch* f *? Was sagt Herr Walketseder?*

1. Das Hotel Amadeus liegt ruhig und zentral. _____ r f
2. Man kann fast alles zu Fuß erreichen. _____ r f
3. In Salzburg gibt es keine Biergärten. _____ r f
4. Die Hotelrezeption organisiert Stadtführungen für die Gäste. _____ r f
5. Die Hotelrezeption verkauft auch Konzertkarten. _____ r f
6. Nicht alle Gäste sind im Hotel Amadeus willkommen. _____ r f

Arbeit und Freizeit

1

| Hören | Sprechen | **Lesen** | Schreiben |

Der Tag von Barbara und Valentina

a) Bitte lesen Sie.

Die Zimmermädchen Barbara und Valentina sind müde. Heute hat der Tag früh angefangen. Um 6 Uhr sind sie aufgestanden. Hotelgäste sind abgefahren, Hotelgäste sind angekommen. Barbara und Valentina haben die Zimmer aufgeräumt. Sie haben Betten gemacht und Handtücher ausgewechselt, sie haben die Fenster aufgemacht und die Zimmer geputzt. Jetzt trinken sie Kaffee. Valentina hat Brezeln mitgebracht.

b) Was machen Valentina und Barbara jetzt gerade?

☐ Sie arbeiten.   ☐ Sie machen Pause.

c) Lesen Sie noch einmal und nummerieren Sie dann die Bilder.

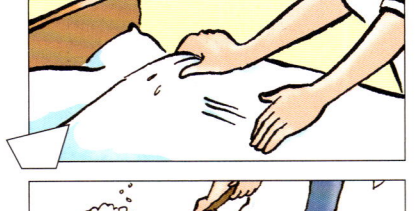  

2

| Hören | Sprechen | Lesen | **Schreiben** |

haben mitgebracht – mitbringen. Wie heißen die Infinitive?

1. gebracht   *bringen*
2. gemacht   _____
3. gekommen   _____
4. gefahren   _____

mitgebracht   *mitbringen*
aufgemacht   _____
angekommen   _____
abgefahren   _____

3

| Hören | Sprechen | Lesen | **Schreiben** |

Schreiben und verstehen: das Partizip Perfekt – trennbare Verben

Infinitiv	Partizip Perfekt	Infinitiv	Partizip Perfekt
aufmachen	*aufgemacht*	ankommen	
aufräumen		aufstehen	
auswechseln		anfangen	

4 Der Traum von Valentina

Hören | Sprechen | Lesen | **Schreiben**

Im Traum hat sie alles falsch gemacht.

1. Ich habe die Zimmer ~~aufgemacht.~~   *aufgeräumt*
2. Ich habe die Fenster ausgewechselt.   _____
3. Ich habe die Betten aufgeräumt.   _____
4. Ich habe die Brezeln geputzt.   _____
5. Ich habe die Handtücher gemacht.   _____
6. Ich habe die Zimmer mitgebracht.   _____

5 Der Tag von Akiko

Hören | **Sprechen** | Lesen | Schreiben

Akiko aus Japan schläft noch. Was hat sie gestern gemacht?

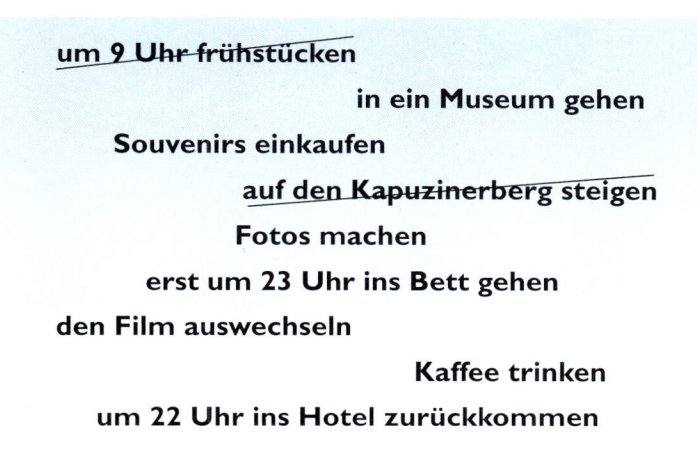

~~um 9 Uhr frühstücken~~

in ein Museum gehen

Souvenirs einkaufen

~~auf den Kapuzinerberg steigen~~

Fotos machen

erst um 23 Uhr ins Bett gehen

den Film auswechseln

Kaffee trinken

um 22 Uhr ins Hotel zurückkommen

▶ Akiko hat um 9 Uhr gefrühstückt. Dann ist sie auf den Kapuzinerberg gestiegen.

6 Und Sie?

Hören | **Sprechen** | Lesen | Schreiben

Sprechen Sie im Kurs.

ferngesehen   eingekauft   gefeiert   geschlafen   gearbeitet
getroffen   vorbereitet   geheiratet   gewaschen   krank geworden
Urlaub gemacht   angerufen

~~heute~~   gestern

letzte Woche   letztes Jahr

im Jahr 2000   früher

Was haben Sie heute gemacht?

Ich habe heute …

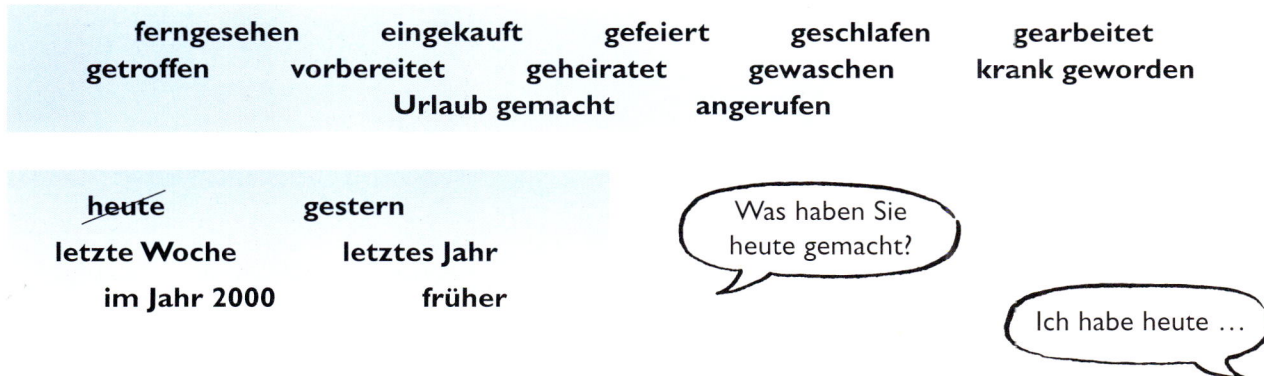

Unterwegs nach Salzburg

1

| Hören | Sprechen | Lesen | Schreiben |

Wie ist das Wetter in Salzburg?

a) Lesen Sie den Wetterbericht.

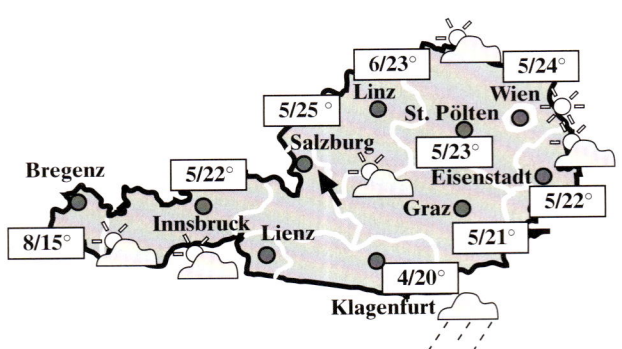

b) Hören Sie den Wetterbericht und kreuzen Sie an.

	heute	morgen
1. Es regnet.	☐	☐
2. Es wird bis 25° warm.	☐	☐
3. Es bleibt windig.	☐	☐
4. Die Temperatur beträgt 18°.	☐	☐
5. Es ist bewölkt.	☐	☐
6. Die Sonne scheint.	☐	☐

2

| Hören | Sprechen | Lesen | Schreiben |

Wie heißt das Wort?

1. der Regen   _regnerisch_
2. der Wind   _____
3. die Sonne   _____
4. die Wolke   _____

3

| Hören | Sprechen | Lesen | Schreiben |

Wie ist das Wetter bei Ihnen?

Die Sonne ...

Morgen wird es ...

4

Hören	Sprechen	**Lesen**	Schreiben

Familie Kajewski fährt nach Salzburg

Familie Kajewski aus Schwerin möchte Urlaub in Österreich machen. Heute stehen alle früh auf, die Reise beginnt um 5 Uhr. 10 Stunden dauert die Autofahrt. Bei Leipzig und Nürnberg machen sie Pause. Die Eltern bestellen viel Kaffee.

Bei München hören sie den Wetterbericht für Salzburg: Schnürl-Regen, eine Salzburger Spezialität. Und Frau Kajewski hat ihren Regenschirm zu Hause vergessen.

Endlich kommen sie in Salzburg an. Aber jetzt findet Familie Kajewski das Hotel Amadeus nicht: Herr Kajewski hat den Stadtplan verloren. Sie fragen einen Salzburger. Er erklärt den Weg ins Hotel, aber sie verstehen ihn schlecht: Die Österreicher sprechen nicht wie die Deutschen!

Endlich entdeckt Jonas, der Sohn von Kajewskis, das Hotel.

5

Hören	**Sprechen**	Lesen	Schreiben

Wie war die Reise von Familie Kajewski?

Bitte erzählen Sie im Perfekt.

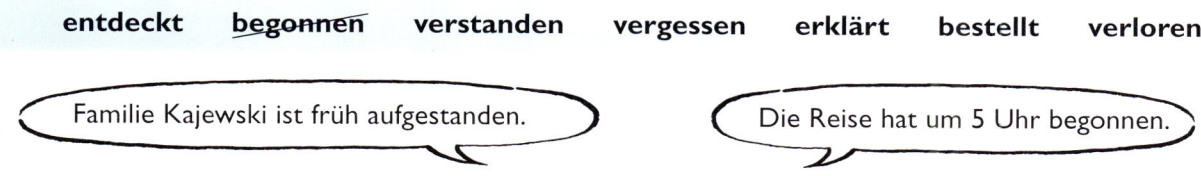

entdeckt ~~begonnen~~ verstanden vergessen erklärt bestellt verloren

Familie Kajewski ist früh aufgestanden.

Die Reise hat um 5 Uhr begonnen.

6

Hören	Sprechen	Lesen	**Schreiben**

Schreiben und verstehen: das Partizip Perfekt – untrennbare Verben

Infinitiv	Partizip Perfekt	Infinitiv	Partizip Perfekt
be ginnen	*begonnen*	er klären	
be stellen		ver stehen	
ver gessen		ent decken	

7

Hören	**Sprechen**	Lesen	Schreiben

Hören und sprechen: trennbare und untrennbare Verben

Wo ist der Akzent? Markieren Sie und sprechen Sie nach.

		trennbar	untrennbar
1. auf – steh – en	_____	X	
2. be – ginn – en	_____		X
3. an – komm – en	_____		
4. ent – deck – en	_____		
5. auf – räum – en	_____		
6. er – klär – en	_____		
7. ver – steh – en	_____		
8. ab – fahr – en	_____		

An der Rezeption

1
| Hören | Sprechen | Lesen | Schreiben |

Herr Kajewski hat reserviert

Hören Sie den Dialog. Nummerieren Sie die Sätze.

- [ ] Danke schön.
- [ ] Ja, ich habe im Mai mit Frau Walketseder telefoniert.
- [1] Guten Tag. Mein Name ist Kajewski.
- [ ] Ah ja, stimmt. Die Chefin hat mich schon informiert.
  Sie haben Zimmer 17. Bitte sehr, Ihr Schlüssel.
  Viel Spaß in Salzburg!
- [ ] Grüß Gott, Herr Kajewski. Haben Sie reserviert?

2
| Hören | Sprechen | Lesen | Schreiben |

Schreiben und verstehen: das Partizip Perfekt – Verben auf -ieren

Infinitiv	Partizip Perfekt	
reservieren	reserviert	
telefonieren		
informieren		

3
| Hören | Sprechen | Lesen | Schreiben |

Die Reise nach Salzburg

Jonas spricht mit Valentina. Ergänzen Sie.

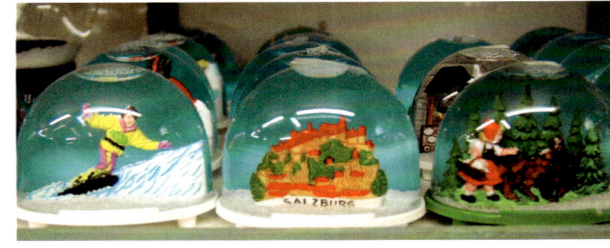

entdecken
aufstehen   spielen
schlafen   steigen   vergessen
abfahren   gehen
telefonieren   finden   warten
verlieren   regnen

1. Wir sind ganz früh _aufgestanden_ und ins Auto _____, nur Papa nicht.
2. Er hat mit Onkel Hans _____. Onkel Hans hat nämlich unseren Hund.
3. Und dann sind wir endlich _____.
4. Wir Kinder haben _____ und Karten _____, aber die Reise war so langweilig!
5. Einmal ist Mama aufs Klo _____, da haben wir ganz lange _____.
6. Zuerst haben wir unser Hotel in Salzburg nicht _____.
7. Papa hat den Stadtplan _____ und Mama war sauer.
8. Es hat _____ und Mama hat ihren Regenschirm _____.
9. Dann habe ich aber das Hotel _____.

4

Marlene Steinmann hat nicht reserviert

Bitte kreuzen Sie den richtigen Satz an.

1. a) ☐ Marlene hat reserviert.
   b) ☒ Marlene sucht ein Zimmer für zwei Nächte.
2. a) ☐ Sie braucht ein Einzelzimmer.
   b) ☐ Sie braucht ein Doppelzimmer.
3. a) ☐ Sie möchte ein Zimmer ohne Bad und WC.
   b) ☐ Sie möchte ein Zimmer mit Bad und WC.
4. a) ☐ Das Zimmer ist mit Blick auf die Straße.
   b) ☐ Das Zimmer ist mit Blick auf den Hof.
5. a) ☐ Marlene bucht zwei Übernachtungen mit Halbpension.
   b) ☐ Marlene bucht zwei Übernachtungen mit Frühstück.
6. a) ☐ Sie hat viel Gepäck.
   b) ☐ Sie braucht keine Hilfe. Sie hat nur einen Koffer und eine Tasche.

5

| Hören | **Sprechen** | Lesen | **Schreiben** |

Die Zimmersuche

a) Schreiben Sie einen Dialog.

Nein, leider mit Blick auf die Straße. Aber es ist ruhig.

Nein, nur mit Frühstück.   Guten Tag, haben Sie noch ein Zimmer für eine Nacht frei?

Bitte schön. Hier ist Ihr Schlüssel, Zimmer 5.   Möchten Sie die Übernachtung mit Halbpension?

Gut. Das nehme ich.   ~~Grüß Gott, bitte sehr?~~   Nein, ein Doppelzimmer, bitte.   Danke.

Mit Bad und WC. Ist das Zimmer mit Blick auf den Garten?

Ja, brauchen Sie ein Einzelzimmer?   Mit oder ohne Bad und WC?

Empfangschef: Grüß Gott, bitte sehr? _____

Tourist: Guten Tag, ... _____

_____

b) Spielen Sie Dialoge im Kurs.

Guten Tag, ich suche ein Zimmer.

Grüß Gott ...

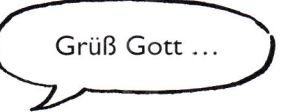

Im Speisesaal

1 Hören | Sprechen | Lesen | Schreiben
Im Speisesaal

Hören Sie und schreiben Sie die Tischnummer auf.

1. Tisch Nr. _____   3. Tisch Nr. _____

2. Tisch Nr. _____   4. Tisch Nr. _____

2 Hören | Sprechen | **Lesen** | Schreiben
Wer sitzt wo?

Suchen Sie die Personen auf dem Bild.

1. Der Mann mit dem Musikinstrument sitzt an Tisch _____.

2. Die Touristinnen mit den Fotoapparaten sitzen an Tisch _____.

3. Die Frau mit dem Hut sitzt an Tisch _____.

4. Die Frau mit dem Handy und der Sonnenbrille sitzt an Tisch _____.

5. Das Paar mit dem Hund sitzt an Tisch _____.

6. Die Familie mit den Kindern sitzt an Tisch _____.

3 Schreiben und verstehen: *mit + Dativ*

m ▽	mit	*dem*	Hut	mit *einem*	Hut
f ▽	mit		Sonnenbrille	mit *eine___*	Sonnenbrille
n ▽	mit		Handy	mit	Handy
Pl ▽▽	mit		Kinder**n**	mit *Kinder___*	

4 Wer ist im Speisesaal?

Ergänzen Sie bitte.

1. Ein Mann mit *einem Musikinstrument* .
2. Ein Mann und eine Frau mit _____ .
3. Eine Familie mit zwei _____ .
4. Marlene Steinmann mit _____
   und mit _____ .
5. Zwei Touristinnen mit _____ .

5 In den Urlaub fahren

a) Womit?

das Fahrrad		
der Zug	**der Bus**	
das Schiff		
das Flugzeug	**das Auto**	

in den Urlaub	**nach Australien**
in die Sprachschule	**ins Büro**
in die Schweiz	**nach Deutschland**

▶ Womit fahren Sie in den Urlaub?   ◁ Ich fliege mit dem Flugzeug.

b) Mit wem?

mit meinem Bruder	**mit meiner Freundin**
mit unserem Kind	**mit unseren Eltern**
mit unseren Freunden	**mit meinen Kindern**
mit meiner Schwester	**mit unserem Freund**

Ich fahre mit meiner Freundin in Urlaub.

Wir fahren mit …

Wolfgang Amadeus Mozart

1 W. A. Mozart

Hören | Sprechen | **Lesen** | Schreiben

a) Ein Lexikonartikel. Was können Sie schon verstehen?

Mozart, Wolfgang Amadeus, *1756 Salzburg, †1791 Wien. Österreichischer Komponist. Sein Vater Leopold Mozart, selbst ein Musiker, unterrichtet seinen Sohn musikalisch. Mozart ist ein Wunderkind. Schon mit 6 Jahren macht er mit seinem Vater und mit seiner Schwester Nannerl Konzertreisen durch Europa. 1769 wird Mozart Konzertmeister beim Erzbischof von Salzburg. 1780 zieht er nach Wien um. Er ist dort freier Künstler und hat oft finanzielle Probleme. 1782 heiratet er Constanze Weber. Mit seiner Oper „Don Giovanni" hat er 1787 endlich großen Erfolg und wird kaiserlicher Komponist. Mozart ist aber oft krank und immer noch arm. Mit 35 Jahren stirbt er einsam und unglücklich in Wien. Mozart hat Opern, Sinfonien, Konzerte und noch viel mehr komponiert. Er ist einer der wichtigsten Komponisten der Musikwelt. Vieles ist heute nach Mozart benannt. Es gibt sogar eine Süßigkeit: Mozartkugeln.

b) Bitte ergänzen Sie den Lebenslauf von Mozart.

1. 17 ____ geboren in _____
2. Musiklehrer von Wolfgang Amadeus Mozart: _____
3. Seit 17 ____ Konzertreisen
4. 17 ____ Heirat mit _____
5. 1791 Tod in _____
6. Kompositionen: _____

2 Ein Lied von Mozart (1788)

Hören | Sprechen | Lesen | Schreiben

Singen Sie den Kanon!

Bona nox
Kanon zu 4 Stimmen

Text und Melodie
Wolfgang Amadeus Mozart

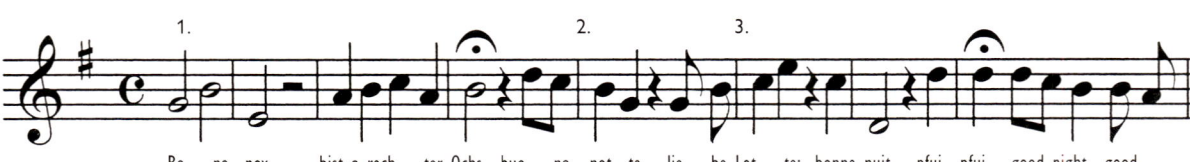

Bo — na nox bist a rech — ter Ochs, buo — na not — te, lie — be Lot — te; bonne nuit, pfui, pfui, good night, good

night, heut' müss' ma no weit, gu-te Nacht, gu-te Nacht,'swird höchs-te Zeit, gu-te Nacht, schlaf fei g'sund und bleib recht ku—gel—rund!

Grammatik

1 Das Partizip Perfekt
→ S. 141

Trennbare Verben

Regelmäßige Verben

Infinitiv	Partizip Perfekt			
aufmachen	auf	-ge-	mach	-t
aufräumen	auf	-ge-	räum	-t
auswechseln	aus	-ge-	wechsel	-t

Unregelmäßige Verben

Infinitiv	Partizip Perfekt			
ankommen	an	-ge-	komm	-en
aufstehen	auf	-ge-	stand	-en
mitbringen	mit	-ge-	brach	-t

Regel: Beim Partizip Perfekt von trennbaren Verben steht erst das Präfix (z. B. *auf-*) und dann *-ge-*.

Untrennbare Verben

Regelmäßige Verben

Infinitiv	Partizip Perfekt	
bestellen	bestell	-t
erklären	erklär	-t
entdecken	entdeck	-t

Unregelmäßige Verben

Infinitiv	Partizip Perfekt	
vergessen	vergess	-en
beginnen	begonn	-en
empfangen	empfang	-en

Regel: Verben mit *be-*, *ent-/emp-*, *er-*, *ver-* und *ge-*, *miss-* und *zer-* bilden das Partizip Perfekt ohne *ge-*.

Verben auf *-ieren*

Infinitiv	Partizip Perfekt	
reservieren	reservier	-t
telefonieren	telefonier	-t

Regel: Verben auf *-ieren* bilden das Partizip Perfekt ohne *ge-* und immer auf *-t*.

2 Die Satzklammer: das Perfekt
→ S. 136

	Verb (Hilfsverb *haben*/*sein*)	Satzmitte	Satzende (Partizip Perfekt)
Barbara	ist	um 6 Uhr	aufgestanden.
Frau Kajewski	hat	ihren Regenschirm	vergessen.
Herr Kajewski	hat	mit dem Hotel	telefoniert.

Satzklammer

3 Präpositionen: *mit* + Dativ
→ S. 154

m	f	n	Pl
mit dem Hut	mit der Sonnenbrille	mit dem Handy	mit den Kindern
mit einem Hut	mit einer Sonnenbrille	mit einem Handy	mit Kindern
mit meinem Hut	mit meiner Sonnenbrille	mit meinem Handy	mit meinen Kindern

Regel: *mit* immer mit Dativ.

Projekt: Nürnberg – unsere Stadt

1

| Hören | Sprechen | **Lesen** | Schreiben |

Ein Deutschkurs in der Volkshochschule Nürnberg

a) **Bitte lesen Sie.**

Die Kursteilnehmer möchten Nürnberg kennen lernen, deshalb hat die Kursleiterin ein Projekt über Nürnberg geplant: Die Kursteilnehmer gehen in die Stadt, sammeln Informationen und machen Interviews. Später stellen sie ihre Ergebnisse im Kurs vor.

b) **Ein Projekt über Nürnberg machen heißt:**

☐ Die Kursleiterin spricht über Nürnberg.
☐ Die Kursteilnehmer sammeln Informationen über Nürnberg.
☐ Die Kursteilnehmer interviewen die Kursleiterin.

c) **So können Sie ein Projekt machen. Lesen Sie das Arbeitsblatt.**

> Projekt: Nürnberg – unsere Stadt
>
> 1. Was gibt es in Nürnberg? Sammeln Sie Ihre Ideen.
>
> 2. Wählen Sie ein Projektthema und arbeiten Sie in Gruppen.
>
> 3. Sammeln Sie Informationen (sprechen Sie mit Leuten, bringen Sie Prospekte mit ...).
>
> 4. Schreiben Sie Texte zu Ihrem Thema, machen Sie eine Collage oder eine Wandzeitung.
>
> 5. Stellen Sie Ihre Arbeit im Kurs vor.

2 Was ist typisch für Nürnberg?

Hören	Sprechen	Lesen	Schreiben

a) Die Kursteilnehmer sammeln Ideen. Bitte ordnen Sie Texte und Bilder.

A Albrecht Dürer (1471–1528), deutscher Maler und Zeichner. Er hat in Nürnberg gelebt. 〈*5*〉

B Sie sind ganz klein und schmecken ganz groß: Nürnberger Bratwürste. Wie viele Würstchen können Sie essen? 6, 12 oder 18? Probieren Sie mal!

C Dunkle Vergangenheit: Zur Zeit Hitlers finden von 1933 bis 1938 in Nürnberg die Reichsparteitage der nationalsozialistischen Partei NSDAP statt.

D Nürnberg ist eine sehr alte Stadt. In der Burg haben einige deutsche Kaiser gelebt, z. B. Friedrich Barbarossa (1152–1190) und Karl IV. (1347–1378). Der „Schöne Brunnen" auf dem Hauptmarkt ist 600 Jahre alt.

E Das Handwerk hat in Nürnberg eine lange Tradition. Ein Beispiel für eine moderne Schneiderei ist das „Atelier für Mode und Design".

F Kommen Sie im Dezember auf den Christkindlesmarkt. Hier finden Sie alles für Weihnachten: Dekoration, Spielzeug, Süßigkeiten ... Besonders berühmt sind die Nürnberger Lebkuchen.

b) 6 Themen, 4 Dialoge. Was hören Sie wo? Notieren Sie die Dialognummer.

1. Albrecht Dürer: Dialog _____
2. Nürnberger Bratwürste: Dialog _____
3. die dunkle Vergangenheit: Dialog _____
4. die Nürnberger Burg: Dialog _____
5. das Handwerk: Dialog _____
6. der Christkindlesmarkt: Dialog _____

Straßen und Plätze in Nürnberg

1

| Hören | **Sprechen** | Lesen | Schreiben |

Projektgruppe 1: Alik, Sonya und Shijun beobachten Straßen und Plätze

Beschreiben Sie das Foto. Was können Alik, Sonya und Shijun auf dem Hauptmarkt sehen? Was glauben Sie: Was kann man hier alles machen?

> Es gibt einen Brunnen, eine Bushaltestelle, …

> Die Leute hier gehen spazieren, …

> Man kann etwas essen, …

2

| Hören | Sprechen | **Lesen** | Schreiben |

Auf dem Hauptmarkt in Nürnberg

Was machen Alik, Sonya und Shijun wo genau?

1. Sie machen Interviews
2. Sie sitzen
3. Sie essen Bratwürste
4. Sie warten
5. Sie trinken Limo
6. Sie fragen die Leute

A an der Haltestelle.
B an den Marktständen.
C am Brunnen.
D an einem Bratwurststand.
E auf einer Bank.
F im Café.

1	C
3	
4	
6	
5	
2	

3

Schreiben und verstehen: die Präpositionen *auf, an, in* + Dativ

		bestimmter Artikel			unbestimmter Artikel	
Wo? ⓘ	▼ **m**	an	*dem*	= Brunnen	an	Brunnen
	▼ **f**	auf	Bank		auf	Bank
	▼ **n**	in	*dem*	= Café	in	*einem* Café
	▼ **Pl**	an	Marktstände**n**		an Marktstände**n**	

4

Wo macht man das?

> **der Markt**   **die Großstadt**   **die Fabrik**   **die Haltestelle**   **das Geschäft**
> **das Dorf**   **der Bratwurststand**   **das Restaurant**   **der Bahnhof**
> **die Wohnung**   **der Brunnen**   **das Büro**   **der Laden**   **das Café**

1. essen: *im Café, im Restaurant, ...* _____

2. warten: _____

3. einkaufen: _____

4. arbeiten: _____

5. wohnen: _____

5

Wo sind die Leute?

a) Bitte hören Sie.

> **das Restaurant**   ~~**der Marktplatz**~~   **ein Bus**   **ein Geschäft**
> **die Touristen-Information**   **eine Haltestelle**

1. *auf dem Marktplatz*   3. _____   5. _____
2. _____   4. _____   6. _____

b) Sprechen Sie jetzt noch einmal über das Bild.

Ein Bus wartet an der Haltestelle.

Auf dem Markt …

Am Brunnen …

6 Andere Orte in der Stadt

a) Wohin wollen die Leute? Bitte schreiben Sie die Dialognummer auf.

☐ die Fahrschule   ☐ der Kindergarten

☐ der Friseur   ☐ das Behindertenzentrum

☐ der Flohmarkt   ☐ das Fitness-Studio

b) Was ist wo? Bitte verbinden Sie.

① Der Friseur ist

② Der Kindergarten ist

③ Das Behindertenzentrum ist

④ Die Fahrschule ist

⑤ Das Fitness-Studio ist

⑥ Der Flohmarkt ist

A geradeaus, an der zweiten Kreuzung links.

B rechts, an der zweiten Kreuzung links, dann die dritte Straße rechts.

C rechts, an der zweiten Kreuzung rechts, dann links auf der rechten Seite.

D rechts an der ersten Kreuzung links.

E rechts, an der zweiten Kreuzung rechts, dann an der Ampel rechts.

F links, geradeaus, an der Ecke rechts.

1	C
2	
3	
4	
5	
6	

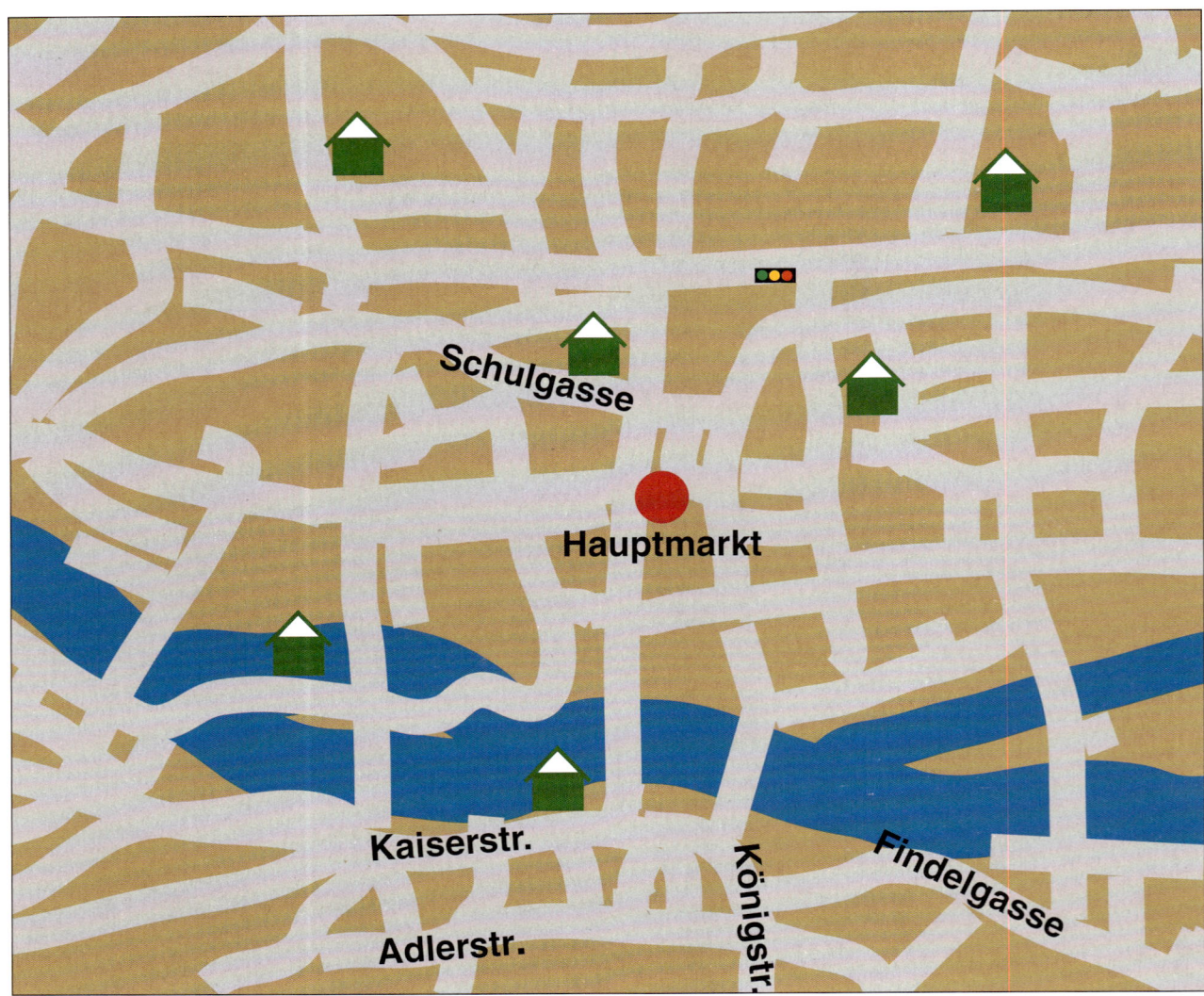

7

| Hören | Sprechen | Lesen | Schreiben |

Wege in die Stadt

Sprechen Sie im Kurs.

> Entschuldigung, wo ist
> der Flohmarkt?

> Der Flohmarkt?
> Gehen Sie geradeaus …

8

| Hören | Sprechen | Lesen | Schreiben |

Hören und sprechen: m oder n?

Hören Sie genau und kreuzen Sie an.

1. ☐ am Bratwurststand   ☐ an den Bratwurststand
2. ☐ im Garten   ☐ in den Garten
3. ☐ auf dem Marktplatz   ☐ auf den Marktplatz
4. ☐ im Schreibwarenladen   ☐ in den Schreibwarenladen
5. ☐ auf dem Flohmarkt   ☐ auf den Flohmarkt
6. ☐ im Supermarkt   ☐ in den Supermarkt

9

| Hören | Sprechen | Lesen | Schreiben |

Wo und wohin

a) *Hören Sie bitte die Handygespräche und notieren Sie.*

das Büro	das Restaurant	die Fahrschule	der Supermarkt
der Flohmarkt	das Schwimmbad	der Sportplatz	der Kindergarten
das Kino	das Arbeitsamt	der Bus	das Kaufhaus

Wo sind die Leute?

1. Sie ist _____ .
2. Er ist _____ .
3. Sie ist _____ .
4. Er ist _____ .

Wohin gehen die Leute?

Sie geht _____ .
Er geht _____ .
Sie geht _____ .
Sie gehen _____ .

b) **Wohin gehen Sie?**

> Ich möchte schwimmen.
> Ich gehe ins Schwimmbad.

> Ich möchte einen Salat
> kaufen. Ich gehe …

c) **Wo sind Sie? Was machen Sie gerade?**

> Ich schwimme gerade.

> Du bist im Schwimmbad.
> Ich lerne gerade Deutsch.

> Du bist …

Im Atelier für Mode und Design

1 Projektgruppe 2: Julia und Iffy machen ein Interview im Atelier

Hören | Sprechen | Lesen | Schreiben

a) Lesen Sie das Interview mit Frau Sommer.

Ja, der Anfang ist nicht leicht gewesen. Ich habe 1998 allein begonnen. Niemand hat mich gekannt, nur wenige Leute haben meinen Laden besucht und nur sehr wenige haben etwas bestellt oder gekauft. Aber meine Kunden sind immer zufrieden gewesen und haben Werbung für mich gemacht. So sind es immer mehr Kunden geworden. Deshalb sind wir jetzt zu zweit. Seit Herbst 2001 arbeitet Frau Güncel als Schneiderin hier im Atelier.

Unsere Kunden sind oft Frauen, so 30–40 Jahre alt, aber auch immer mehr Männer. Wir nähen Jacken, Mäntel, Hosen, Röcke, Blusen und Hemden ... Aber wir verkaufen auch Pullover, T-Shirts und sogar Schuhe.

Na ja, unsere Kleidung ist schon teuer. Aber das Design ist individuell, die Kleidungsstücke sind schick und passen genau. Deshalb verkaufen wir wirklich gut.

b) Julia und Iffy haben viele Fragen vorbereitet. Welche Antworten finden Sie im Interview? Markieren Sie.

1. Wie lange gibt es das Atelier schon? [X]
2. Wie viele Stunden arbeiten Sie am Tag? [ ]
3. Ist Ihre Arbeit anstrengend? [ ]
4. Wer sind Ihre Kunden? [ ]
5. Was produzieren Sie? [ ]
6. Warum kaufen die Kunden hier? [ ]

c) Einige Skizzen von Frau Sommer: Welche Kleidungsstücke kennen Sie?

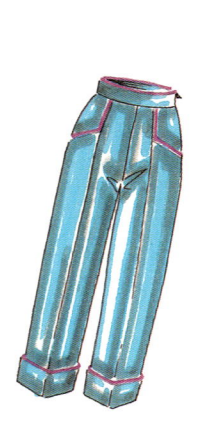

2

Iffy und Julia probieren gern Kleider an

Bitte hören Sie den Dialog und nummerieren Sie.

hellblau

dunkelblau

weiß

schwarz

gelb

rot

braun

grau

grün

☐ Größe 38. Ich gehe mal in die Umkleide-
kabine. – Es passt genau!

1 Iffy, wie findest du das Kleid?

☐ 150 Euro.

☐ Schau mal, hier gibt es das Kleid auch in Gelb.

☐ Oh je! Das ist viel zu teuer für mich.

☐ Gelb finde ich nicht so toll. Was kostet das
Kleid überhaupt?

☐ Ist es nicht zu klein? Welche Größe hast du?

☐ Super.

☐ Ich probiere es gleich an.

Internationale Größentabelle:

	XS	S	M	L	XL	XXL
Frauen:	32/34	36/38	40/42	44/46	48/50	52/54
Männer:	40/42	44/46	48/50	52/54	56/58	60/62

3

Schreiben und verstehen: *welcher, welche, welches, welche*

	m	f	n	Pl
Nominativ	Welcher Mantel?	Welche Größe?	Welches Kleid?	Welche Schuhe?
Akkusativ	Welch___ Mantel?	Welch___ Größe?	Kleid?	Schuhe?

4

Im Bekleidungsgeschäft

a) Wer sagt was? Bitte ordnen Sie.

Welche Farbe?   Umtauschen geht nur mit Kassenbon.   Ich suche einen Pullover.

Was kostet der Pullover?   Welche Größe haben Sie?   Wo kann ich den Pullover anprobieren?

Bitte bezahlen Sie an der Kasse.   Möchten Sie den Pullover anprobieren?

Kann ich helfen?   Ich hätte gern einen Pullover.   Kann ich den Pullover auch umtauschen?

1.
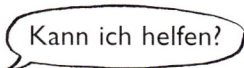
Verkäufer/Verkäuferin: _____

2.
Kunde/Kundin: _____

b) Bitte spielen Sie Einkaufsdialoge.   (Kann ich helfen?)   (Ich …)

Im Lebkuchenhaus

1 Was möchte Projektgruppe 3 machen?

Hören | Sprechen | Lesen | Schreiben

Lesen Sie den Notizzettel von Tamaki, Olaf und Sanjita und erzählen Sie.

wann: Dienstag, 15.00 Uhr
wo: im historischen Lebkuchenhaus
             am Hauptmarkt
was: Interview mit dem Bäcker
             Wie backt man Lebkuchen?
             (Rezept!)
             Fotos

> Projektgruppe 3 möchte ins Lebkuchenhaus gehen. Sie …

2 Interview mit dem Lebkuchenbäcker

Hören | Sprechen | Lesen | Schreiben

a) Was hören Sie? Bitte markieren Sie.

1. Lebkuchen sind typisch ☐ für den Winter ☐ für Geburtstage.
2. Die Qualität von Nürnberger Lebkuchen ist ☐ besonders gut ☐ nicht sehr gut.
3. Für Lebkuchen braucht man ☐ Marmelade, Zucker, Butter ☐ Honig, Butter, Gewürze.
4. Die Projektgruppe kann das Rezept ☐ aufschreiben ☐ nicht aufschreiben.
5. In dem Prospekt stehen ☐ Rezepte ☐ Informationen über Lebkuchen.
6. Das Lebkuchenhaus hat ☐ eine Internet-Adresse ☐ keine Internet-Adresse.

b) Was wollen und was dürfen Tamaki, Olaf und Sanjita machen?

1. Olaf und Sanjita wollen ein Interview machen. _____ r f
2. Sie dürfen Fragen stellen. _____ r f
3. Sie wollen das Rezept aufschreiben. _____ r f
4. Der Bäcker darf das genaue Rezept sagen. _____ r f
5. Tamaki will Fotos machen. _____ r f
6. Tamaki darf nicht fotografieren. _____ r f

3 Was darf man im Lebkuchenhaus (nicht) machen?

Hören | Sprechen | Lesen | Schreiben

> rauchen   telefonieren   Eis essen
> Gitarre spielen   alle Rezepte notieren

> mit Kunden sprechen   fotografieren
> Lebkuchen probieren
> ein Interview machen

▶ Man darf nicht rauchen.
◁ Man darf kein …

▶ Man darf Lebkuchen probieren.
◁ Man …

4 Tamaki, Olaf und Sanjita wollen noch mehr von Nürnberg kennen lernen

| Hören | **Sprechen** | Lesen | Schreiben |

Was wollen sie machen?

Olaf:

Leute in Nürnberg kennen lernen
mit Freunden ausgehen
in Nürnberg arbeiten
eine Wohnung suchen

Tamaki und Sanjita:

das Albrecht-Dürer-Haus besichtigen
Fotos machen
Nürnberger Würste essen
im Zentrum spazieren gehen

▶ Olaf will in Nürnberg arbeiten.
◁ Tamaki und Sanjita wollen das Albrecht-Dürer-Haus besichtigen.

5 Schreiben und verstehen: *wollen, dürfen*

| Hören | Sprechen | Lesen | **Schreiben** |

	wollen	**dürfen**
ich	will	darf
du	willst	darfst
er • sie • es		
wir	wollen	dürfen
ihr	wollt	dürft
sie • Sie		

6 *wollen* und *dürfen*

| Hören | **Sprechen** | Lesen | Schreiben |

a) Bitte bilden Sie Sätze.

ich   du   er • sie • es

man   wir   ihr

die Kursteilnehmer

Sport machen   zu spät zur Arbeit kommen
im Haushalt arbeiten   alles essen und trinken
schnell Auto fahren   mit dem Handy telefonieren
Städte besichtigen   ein Projekt im Kurs machen

> Er darf keinen Sport machen.

> Wir wollen …

b) Was wollen Sie (nicht)? Was dürfen Sie (nicht)?

> Ich darf leider nicht schnell Auto fahren.

> Viele Männer wollen nicht im Haushalt arbeiten.

Projekte präsentieren

1
| Hören | Sprechen | Lesen | Schreiben |

Die Projektergebnisse

a) Lesen Sie.

Die Arbeitsgruppen stellen ihre Projekte im Kurs vor: Tamaki, Olaf und Sanjita haben Lebkuchen für alle gebacken. Sie haben ein Lebkuchenrezept aus dem Internet für die anderen Gruppen fotokopiert. Julia und Iffy haben einen Artikel über das Atelier von Frau Sommer für eine Wandzeitung geschrieben. Alik, Sonya und Shijun haben eine Collage gemacht und Gedichte über Nürnberg geschrieben.

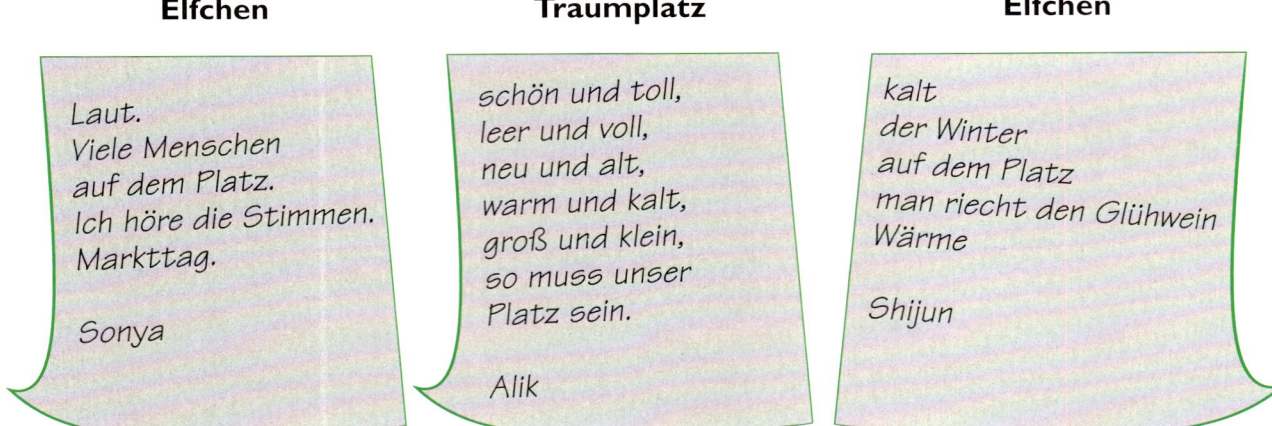

Elfchen

Laut.
Viele Menschen
auf dem Platz.
Ich höre die Stimmen.
Markttag.

Sonya

Traumplatz

schön und toll,
leer und voll,
neu und alt,
warm und kalt,
groß und klein,
so muss unser
Platz sein.

Alik

Elfchen

kalt
der Winter
auf dem Platz
man riecht den Glühwein
Wärme

Shijun

b) Schreiben Sie selbst Gedichte.

Sammeln Sie auf einem Papier alle Wörter zu einem Thema (z. B. „Stadt"). Wählen Sie dann elf Wörter und schreiben Sie selbst ein Elfchen.

> Das „Elfchen" ist ein kurzer Text aus nur elf Wörtern in fünf Zeilen:
> Zeile 1: wie (Adjektiv)? oder was (Nomen)? = 1 Wort
> Zeile 2 : was ist so? oder was ist das? = 2 Wörter
> Zeile 3: wo ist es oder was tut es? = 3 Wörter
> Zeile 4: etwas über sich selbst oder über das Nomen erzählen = 4 Wörter
> Zeile 5: ein Schlusswort = 1 Wort

2
| Hören | Sprechen | Lesen | Schreiben |

Machen Sie selbst ein Projekt

a) Bitte sammeln Sie im Kurs Ideen und wählen Sie ein Thema für Ihr Projekt.

1. Beschreiben Sie einen Platz an Ihrem Kursort.
2. Stellen Sie eine Person oder eine Firma aus Ihrem Kursort vor.
3. Machen Sie Interviews an Ihrem Kursort: Was ist interessant in …? Was ist typisch hier?

b) Lesen Sie noch einmal das Arbeitsblatt in Aufgabe 1 c auf Seite 94 und planen Sie dann Ihr Projekt.

Grammatik

1 Präpositionen

→ S. 151

an, auf, in – mit Dativ oder Akkusativ

	m	f	n	Pl
wo?	an dem = am Brunnen auf dem Platz in dem = im Bus	an der Kreuzung auf der Bank in der S-Bahn	an dem = am Haus auf dem Fahrrad in dem = im Café	an den Marktständen auf den Straßen in den Zügen

Regel: Wo? → an, auf, in mit Dativ.

	m	f	n	Pl
wohin?	an den Brunnen auf den Platz in den Bus	an die Kreuzung auf die Bank in die S-Bahn	an das = ans Haus auf das Fahrrad in das = ins Café	an die Marktstände auf die Straßen in die Züge

Regel: Wohin? → an, auf, in mit Akkusativ.

2 W-Wörter: *welcher, welche, welches, welche*

→ S. 134, 149

	m	f	n	Pl
Nominativ	welcher Rock	welche Farbe	welches Kleid	welche Schuhe
Akkusativ	welchen Rock	welche Farbe	welches Kleid	welche Schuhe
Dativ	welchem Rock	welcher Farbe	welchem Kleid	welchen Schuhen

*Regel: Das Fragewort **welch-** und der bestimmte Artikel haben die gleichen Endungen.*

3 Die Verbposition: *welch-*

	Position 2	
Welche Schuhe	sind	teuer?
Welche Farbe	hat	das Kleid?
Welche Größe	haben	Sie?

Regel: Das Verb steht auf Position 2.

4 Modalverben

→ S. 143

	dürfen	wollen
ich	darf	will
du	darfst	willst
er • sie • es	darf	will
wir	dürfen	wollen
ihr	dürft	wollt
sie • Sie	dürfen	wollen

5 Die Satzklammer: die Modalverben

→ S. 136, 143

	Verb (Modalverb)	Satzmitte	Satzende (Infinitiv)
Ich	will	das Lebkuchenhaus	sehen.
Hier	darf	man nicht	fotografieren.
Was	wollen	Sie	wissen?
	Dürfen	wir ein Interview	machen?

Satzklammer

Eine Stadt im Dreiländereck: Basel

SCHWEIZER ZOLL

CUSTOMS
DOUANE
DOGANA

1 Das Dreiländereck

Hören	Sprechen	**Lesen**	**Schreiben**

In der Schweiz, in Deutschland oder in Frankreich? Lesen Sie die Landkarte.

1. Das Elsass ist eine Region in _____.
2. Der Schwarzwald ist ein Gebirge in _____.
3. Basel-Land ist ein Kanton in _____.
4. Mulhouse ist eine Stadt in _____.
5. Basel liegt in _____.
6. Weil am Rhein ist eine Kleinstadt in _____.

2 So spricht man im Dreiländereck

Hören	Sprechen	Lesen	Schreiben

Was hören Sie? Notieren Sie die Dialognummer.

☐ Schweizerdeutsch   ☐ Deutsch   ☐ Französisch

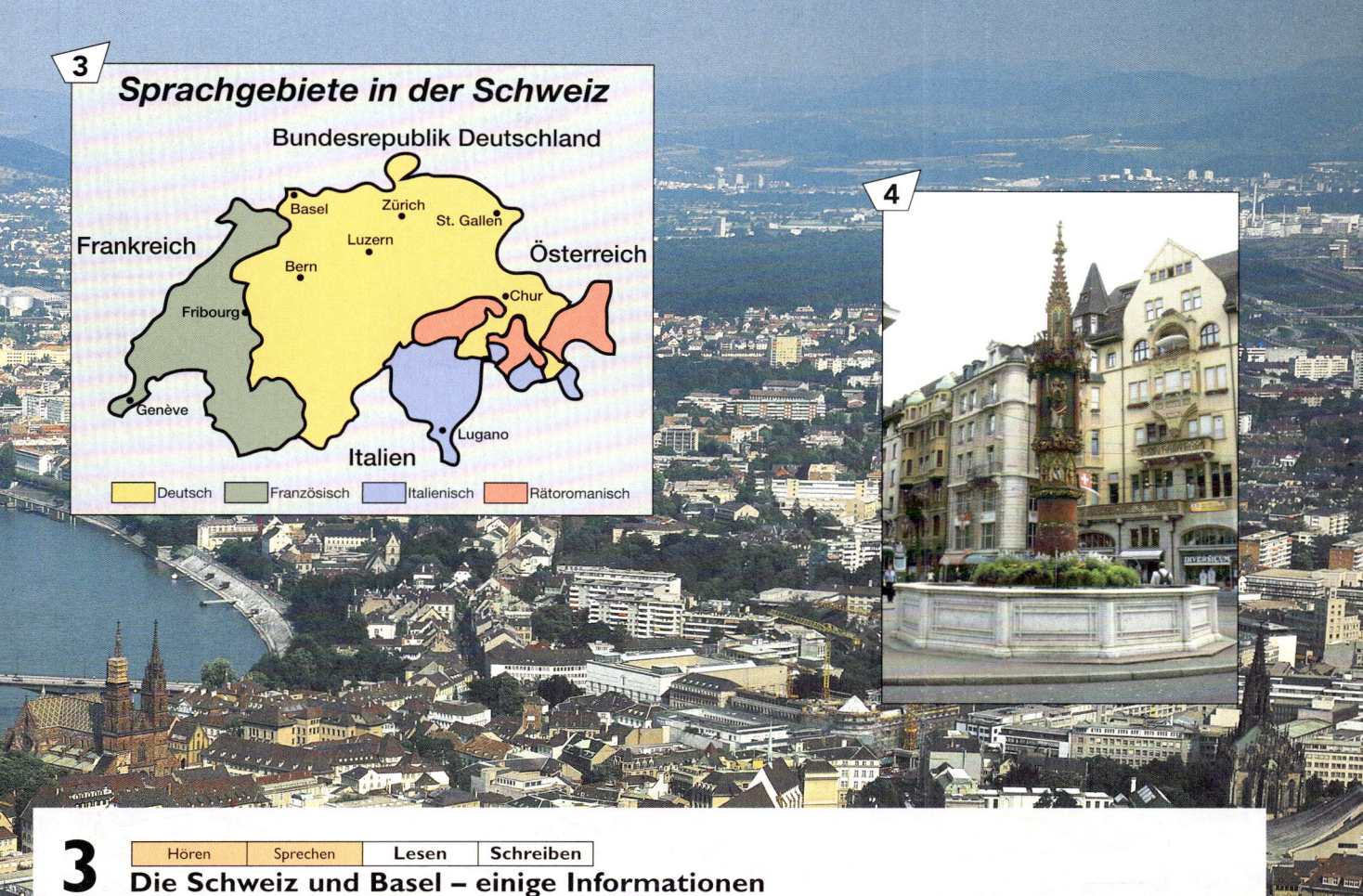

Sprachgebiete in der Schweiz

Bundesrepublik Deutschland

Frankreich

Basel • Zürich • St. Gallen •
• Luzern
• Bern
Chur •
• Fribourg

Österreich

• Genève

Italien

• Lugano

| | Deutsch | | Französisch | | Italienisch | | Rätoromanisch |

---

3 Die Schwei und Basel – einige Informationen

Hören | Sprechen | **Lesen** | **Schreiben**

a) Ergänzen Sie.

> Kultur und Geschichte   produzieren   Stadt   mehrsprachig   Dreiländereck
>
> Grenzgänger   liegt am   Chemie-Industrie   nach   Euro

1. Die Schweiz besteht aus 26 Kantonen wie z. B. dem Kanton Basel-Stadt und dem Kanton Basel-Land. Das Land ist _mehrsprachig_ : Man spricht Deutsch, Französisch, Italienisch und Rätoromanisch.
2. Die Stadt Basel _____ Rheinknie direkt an der Grenze zu Deutschland und zu Frankreich. Basel liegt also in einem _____. In Deutschland und Frankreich bezahlt man mit _____, in der Schweiz mit Schweizer Franken.
3. Aus der ganzen Welt kommen Menschen _____ Basel und arbeiten z. B. in den internationalen Firmen. Besonders wichtig für die Stadt ist die _____. Mehrere große Pharmakonzerne _____ Medikamente für den weltweiten Export.
4. Täglich pendeln viele Leute vom Land in die _____ zur Arbeit. Das bedeutet natürlich viel Verkehr und Staus auf den Straßen von Basel. Die Pendler aus Deutschland und Frankreich heißen übrigens_____.
5. Interessieren Sie sich vielleicht für _____? Dann sind Sie in Basel richtig: Hier gibt es jede Menge interessante Gebäude, Museen, Theater, Konzerte und andere Veranstaltungen.

b) Für welche Textabschnitte gibt es ein Foto?

Stadt und Land

Urs Tschäni:
verheiratet, 1 Kind,
Elektriker, Hobby:
wandern

Reto Stämpfli:
verheiratet, 2 Kinder,
Polizist, Hobby:
Akkordeon spielen,
singen

Emil Maurer:
ledig, Chauffeur bei der
Post, Hobby: joggen,
Filme sehen

Beat Leuenberger:
geschieden, 1 Kind,
Programmierer, Hobby:
Velo fahren

1 | Hören | Sprechen | **Lesen** | Schreiben |

Auf dem Land oder in der Stadt leben?

a) Sortieren Sie die Argumente für *das Leben in der Stadt* und gegen *das Leben in der Stadt*.

Urs Tschäni, Reto Stämpfli, Emil Maurer und Beat Leuenberger leben in Kilchberg im Kanton Basel-Land. Das ist ein Ort ungefähr 30 Kilometer südlich von Basel. Die meisten Kilchberger arbeiten in Basel, auch die Freunde Beat, Urs, Reto und Emil. Was ist besser? Auf dem Land leben und in der Stadt arbeiten? Oder in der Stadt wohnen und arbeiten? Beat, Urs, Reto und Emil diskutieren am Stammtisch. Hier sind einige Argumente aus ihrer Diskussion.

	für die Stadt	gegen die Stadt
1. Die Mieten in Basel sind viel höher als hier.	☐	☒
2. In Basel ist alles teurer als in Kilchberg.	☐	☐
3. Aber in Basel ist mehr los. Da ist das Kulturangebot größer.	☐	☐
4. Hier in Kilchberg kann ich bei meinen Eltern wohnen. Das ist billiger.	☐	☐
5. Das Leben in Basel ist einfach interessanter als das Landleben.	☐	☐
6. Hier in Kilchberg leben wir gesünder.	☐	☐
7. Die Luft hier ist besser und sauberer.	☐	☐
8. Ich möchte lieber in Basel wohnen. Da kann ich morgens länger schlafen.	☐	☐
9. Für unsere Kinder ist es hier besser als in Basel.	☐	☐

b) Basel-Stadt und Basel-Land. Ein Vergleich.

① In Basel ist alles   **A** besser als in Basel. | 1 | C |
② Das Stadtleben ist   **B** höher als auf dem Land. | 2 | |
③ Die Luft in Kilchberg ist   **C** teurer als in Kilchberg. | 3 | |
④ Die Mieten in Basel sind   **D** länger als die Pendler. | 4 | |
⑤ Die Leute in Basel schlafen   **E** interessanter als das Landleben. | 5 | |
⑥ Wohnen in Kilchberg ist   **F** billiger als in Basel. | 6 | |

2 Schreiben und verstehen: der Komparativ

Adjektiv	Komparativ	Adjektiv	Komparativ	Adjektiv	Komparativ
interessant	*interessant____*	hoch	*höher*	gut	
billig		lang		gern	*lieber*
teuer	*teur____*	groß		viel	*mehr*
sauber	*sauber____*	gesund			

3 In der Stadt oder auf dem Land leben? Beat, Urs, Reto und Emil diskutieren

Was denken Sie, wer sagt was? Lesen Sie noch einmal Aufgabe 1 a.

Emil Das Leben in Basel ist einfach interessanter als in Kilchberg.

Reto Das Landleben ist …

4 Und Ihre Meinung?

a) Was passt zusammen?

freundlich	groß	interessant	hoch	teuer
unfreundlich	klein	uninteressant	niedrig	billig

gut	ruhig	sauber	zufrieden
schlecht	laut	schmutzig	unzufrieden

1. Leute: *freundlich, ruhig, …* _____
2. Luft: _____
3. Straßen: _____
4. Einkaufsmöglichkeiten: _____
5. Mieten: _____
6. Kulturangebot: _____

b) Großstadt, Kleinstadt, Dorf – was finden Sie besser?

Ich wohne in einer Kleinstadt. Da sind die Straßen sauberer als in der Großstadt.

Aber in der Großstadt sind die Einkaufsmöglichkeiten …

Auf dem Dorf sind die Mieten …

Pendeln – aber wie?

1 | Hören | Sprechen | **Lesen** | **Schreiben** |
Welches Verkehrsmittel passt am besten?

a) Lesen Sie bitte.

Morgens 30 Kilometer nach Basel fahren und abends 30 Kilometer zurück. Aber wie? Mit dem Auto?
Mit dem Zug? Mit dem Bus? Was ist am besten?

Urs Tschäni	Ich fahre nicht mit dem Auto. Ich nehme immer den Zug oder den Bus. Der Bus ist am bequemsten. Der fährt direkt zu meiner Firma und ich kann Zeitung lesen oder ein bisschen schlafen.
Reto Stämpfli	Ich muss mit dem Auto fahren. Meine Arbeitszeiten sind sehr unregelmäßig. Für mich ist das Auto am besten. Das fährt auch noch um zwei Uhr nachts.
Emil Maurer	Am schnellsten ist der Zug. Da gibt es keinen Stau. In Basel muss ich umsteigen in das Tram. Trotzdem bin ich mit Zug und Tram am schnellsten.
Beat Leuenberger	Jetzt ist Sommer. Da fahre ich am liebsten mit dem Velo. Das ist zwar nicht am schnellsten, aber am billigsten und am sportlichsten. Und es macht Spaß.

b) Was ist am ...?

Urs: Der Bus ist am bequem_____.

Reto: Das _____ ist am _____.

Emil: Der _____ und das _____ sind _____ _____.

Beat: Das _____ ist _____ _____ und _____ _____.

2 | Hören | Sprechen | Lesen | **Schreiben** |
Schreiben und verstehen: der Superlativ

Adjektiv	Komparativ	Superlativ	
bequem	bequemer	*am*	*bequemsten*
schnell	schneller	*am*	*schnell_____*
sportlich	sportlicher		
gut	besser		
gern	lieber		

3 Verkehrsmittel

| Hören | **Sprechen** | Lesen | Schreiben |

Sprechen Sie im Superlativ.

| der Bus |
| das Tram |
| das Auto |
| das Velo |
| der Zug |
| das Motorrad |

| gut | schnell |
| billig |
| sportlich |
| bequem |
| langsam |

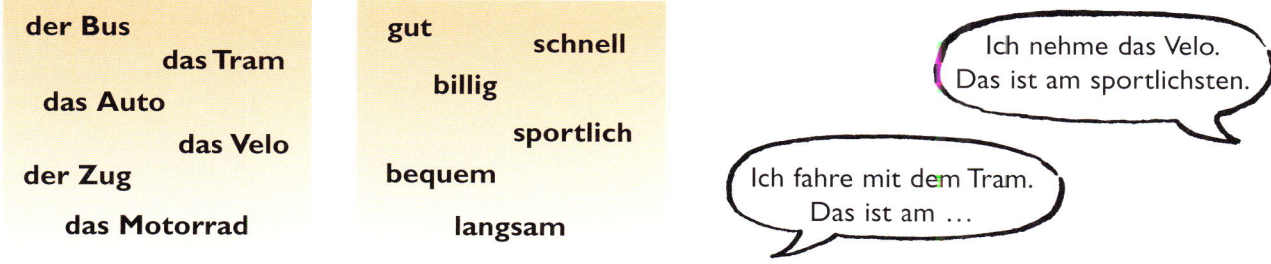

4 Anders gesagt: *so ... wie ...*

| Hören | Sprechen | **Lesen** | **Schreiben** |

Lesen Sie Aufgabe 1 a noch einmal und ergänzen Sie bitte.

1. Das Auto ist _so_ schnell _wie_ der Zug und der Bus.
2. Das Auto ist _nicht_ _so_ bequem _wie_ der Zug und der Bus.
3. Der Zug ist fast _____ bequem _____ der Bus.
4. Für Reto Stämpfli sind der Zug und der Bus _____ _____ gut wie das Auto.
5. Mit dem Auto ist Emil Maurer nicht _____ _____ _____ mit dem Zug und dem Tram.
6. Das Fahrrad ist _____ _____ schnell _____ das Auto oder der Zug.
7. Aber Pendeln mit Auto oder Zug ist _____ _____ sportlich _____ mit dem Fahrrad.
8. Außerdem ist das Fahrrad _____ _____ teuer _____ das Auto.

5 Verkehrsmittel und ihre Vor- und Nachteile

| Hören | **Sprechen** | Lesen | Schreiben |

a) Vergleichen Sie.

der Zug	die Straßenbahn	das Flugzeug	das Fahrrad
das Motorrad	das Auto	der Bus	...
praktisch	langsam	umweltfreundlich	sportlich
teuer	leise	gefährlich	...

▶ Das Fahrrad ist umweltfreundlicher als das Auto.
◁ Der Bus ist nicht so bequem wie die Straßenbahn.
▶ Das Motorrad ist am gefährlichsten.

b) Diskutieren Sie.

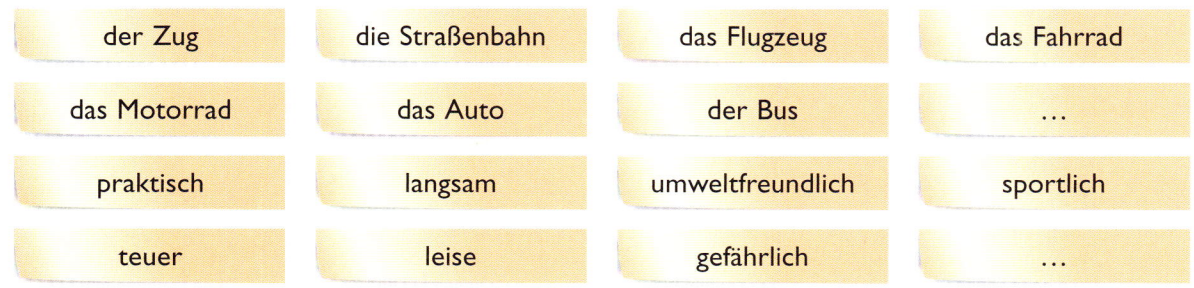

Arbeiten in Basel

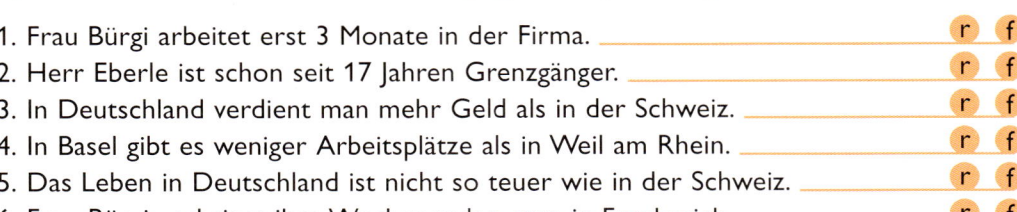

1

| Hören | Sprechen | Lesen | Schreiben |

Frau Bürgi und Herr Eberle im Gespräch

a) Bitte hören Sie. Wo findet das Gespräch statt?

☐ in der Kantine ☐ im Büro

b) Hören Sie noch einmal. Richtig (r) oder falsch (f)?

1. Frau Bürgi arbeitet erst 3 Monate in der Firma. _____ r f
2. Herr Eberle ist schon seit 17 Jahren Grenzgänger. _____ r f
3. In Deutschland verdient man mehr Geld als in der Schweiz. _____ r f
4. In Basel gibt es weniger Arbeitsplätze als in Weil am Rhein. _____ r f
5. Das Leben in Deutschland ist nicht so teuer wie in der Schweiz. _____ r f
6. Frau Bürgi verbringt ihre Wochenenden gern in Frankreich. _____ r f

2

| Hören | Sprechen | **Lesen** | Schreiben |

Wer arbeitet in Basel?

a) Lesen Sie bitte.

Basel hat ungefähr 200 000 Einwohner, aber rund 160 000 Menschen haben einen Arbeitsplatz in Basel. Das heißt: Viele Menschen kommen täglich zur Arbeit nach Basel, aber sie wohnen nicht in der Stadt. Aus dem Umland von Basel pendeln jeden Tag ungefähr 50 000 Menschen nach Basel. Aus Frankreich kommen 18 000 Grenzgänger zur Arbeit in die Schweiz, aus Deutschland sind es rund 10 000 täglich. Herr Eberle z. B., Pendler und Grenzgänger, wohnt in Weil am Rhein in Deutschland und arbeitet in der Schweiz. Jeden Tag fährt er von zu Hause über die Grenze nach Basel. Die meisten Grenzgänger finden bei den Basler Pharmakonzernen Arbeit. Bei Banken, beim Zoll, in Kaufhäusern und in der Chemie-Industrie gibt es ebenfalls viele Arbeitsplätze. Auch Herr Eberle arbeitet bei einem Pharmakonzern. Er ist Chemielaborant.

b) Eine Statistik. Ergänzen Sie die Zahlen.

1. Arbeitsplätze in Basel gesamt: _____
2. Pendler aus der Schweiz: _____
3. Grenzgänger aus Deutschland und Frankreich: _____
4. Pendler und Grenzgänger gesamt: _____

3

| Hören | Sprechen | **Lesen** | Schreiben |

Was kann man sagen?

1. zur Arbeit sein / (fahren)

2. aus Frankreich wohnen / kommen

3. von zu Hause kommen / bleiben

4. zur Arbeit pendeln / wohnen

5. bei einer Firma pendeln / arbeiten

6. zu einer Bank gehen / arbeiten

4 | Hören Sprechen Lesen **Schreiben**
Schreiben und verstehen: die Präpositionen *aus, bei, von, zu* + Dativ

	Woher? ? →		Wo? ?		Wohin? → ?	
m	aus *dem* Pharmakonzern		bei *dem*	= beim Zoll	zu *dem*	= zum Zoll
f	aus *der* Stadt		bei *der*	Arbeit	zu *der*	= zur Arbeit
n	aus ___ Umland		bei *dem*	= beim Kaufhaus	zu *dem*	= zum Kaufhaus
Pl	aus *den* Pharmakonzernen		bei ___	Pharmakonzernen	zu ___	Pharmakonzernen
m	von ___ = *vom* Zoll					
f	von ___ Arbeit					
n	von *dem* = ___ Land					
Pl	von ___ Pharmakonzernen					

5 | Hören Sprechen Lesen **Schreiben**
Grenzgänger Herr Eberle

Ergänzen Sie bitte Präpositionen und Endungen.

Herr Eberle pendelt täglich *von* sein*em* Haus in Weil am Rhein _____ Arbeit nach Basel.
Er arbeitet _____ ein____ Pharmakonzern. Seine Kollegen kommen fast alle _____ Frankreich,
Deutschland oder _____ d____ Umland von Basel. Meistens fährt Herr Eberle mit dem Auto und
morgens geht das auch ganz gut. Aber _____ sein____ Firma nach Hause _____ sein____ Familie dauert die Fahrt länger. Abends ist immer viel Verkehr.

6 | Hören **Sprechen** Lesen Schreiben
Woher? Wo? Wohin?

Bilden Sie Sätze.

steigen	bei	Eltern · Brunnen
warten	von	Schwimmbad
gehen	zu	Marktstände
fahren	aus	Post · Grenze
sein		Zug · Zoll
arbeiten		
wohnen		
kommen		

▶ Wo wartest du? ◁ Ich warte beim Brunnen.
▶ Wohin fährt er? ◁ Er fährt zu …
▶ Woher kommen Sie? ◁ Ich komme aus Frankreich.

Basel international

1

Hören	Sprechen	Lesen	Schreiben

Frau Bürgi über ihre Kollegen

a) Was sagt Frau Bürgi? Lesen Sie bitte.

Ich arbeite erst seit 3 Monaten in der Firma, aber ich finde den Job gut. Bei uns arbeiten Leute aus vielen Ländern. Natürlich habe ich nicht zu allen Kontakt, ich kenne eigentlich nur die Kollegen aus der Exportabteilung. Ich arbeite gern mit ihnen zusammen. Mit einer Kollegin bin ich besonders befreundet. Sie ist schon lange in der Firma und ich lerne viel von ihr. Sie kommt aus Indien und spricht nur Englisch mit mir. Ein Kollege kommt aus dem Libanon. Er arbeitet bei mir im Büro und spricht besser Französisch als Deutsch. Mein Chef ist Schweizer. Er ist in Ordnung, ich habe keine Probleme mit ihm. Er ist sehr freundlich zu uns. Übrigens kommt er aus dem Tessin. Seine Muttersprache ist Italienisch.

b) Bitte ergänzen Sie.

1. Die Kollegin von Frau Bürgi ist _Inderin_____. Sie kommt aus _____.
2. Sie spricht _____ mit Frau Bürgi.
3. Der libanesische Kollege spricht _____ und _____.
4. Der Chef ist _____ aus dem Tessin. Seine Muttersprache ist _____.

2

Hören	Sprechen	Lesen	Schreiben

Schreiben und verstehen: das Pronomen (Dativ)

Nominativ	ich	du	er • sie • es		wir	ihr	sie • Sie
Dativ		dir		ihm		euch	Ihnen

3

Hören	Sprechen	Lesen	Schreiben

Mit wem sprechen Sie oft, gern oder nicht gern?

Chef	Freunde	Eltern	Kollegen	Bruder	Kolleginnen	Schwester

▶ Mein Chef? Ich spreche oft mit ihm.   ◁ Meine Freunde? Ich spreche gern mit …

4

Hören	Sprechen	Lesen	Schreiben

Hören und sprechen: sch, st, sp

Hören Sie und markieren Sie. Wo hören Sie den Laut sch nicht?

1. sprechen – Schweiz – Stadt – (erst) – schreiben
2. Muttersprache – Arbeitsplatz – Regenschirm – Großstadt – mitspielen
3. verschieden – Broschüre – Dienstag – Gespräch – verstehen
4. Deutsch – selbst – Französischkurs – Fisch – Mensch
5. Beispiel – Marktstand – am teuersten – Schuhe – bestellen

5

Internationale Kollegen

Woher kommen die Leute? Welche Sprache sprechen sie?

Land	Person ▼m	Person ▼f	Adjektiv
1. _____	der Inder	die *Inderin*	indisch
2. Italien	der Italiener	die _____	_____
3. Südafrika	der _____	die Südafrikanerin	_____
4. die Schweiz	der _____	die Schweizerin	schweizerisch
5. die Niederlande (Pl.)	der Niederländer	die _____	_____
6. der Libanon	der Libanese	die Libanesin	_____
7. die Türkei	der _____	die Türkin	_____
8. _____	der Russe	die _____	_____
9. _____	der _____	die _____	chinesisch
10. Tschechien	der Tscheche	die _____	_____
11. _____	der Franzose	die Französin	_____
12. _____	der Deutsche	die Deutsche	_____

6

Nationalitäten und Sprachen bei Ihnen

Sprechen Sie im Kurs.

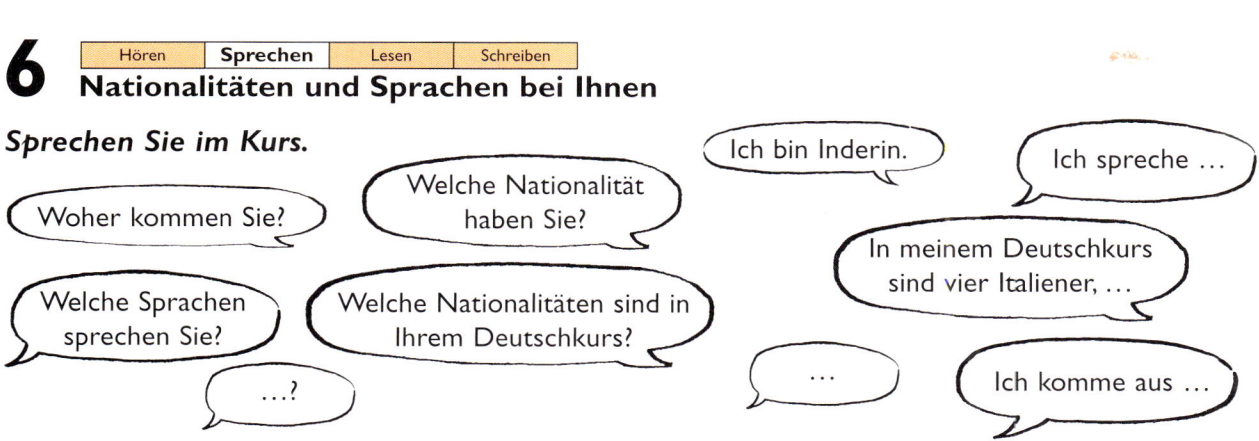

Woher kommen Sie?

Welche Nationalität haben Sie?

Ich bin Inderin.

Ich spreche …

Welche Sprachen sprechen Sie?

Welche Nationalitäten sind in Ihrem Deutschkurs?

In meinem Deutschkurs sind vier Italiener, …

…?

…

Ich komme aus …

Aus der Basler Zeitung

1 Hören   Sprechen   **Lesen**   Schreiben
Zeitungstext und Überschrift – was passt zusammen?

Bitte schreiben Sie den passenden Buchstaben auf.

1. ☐ Moderne Kunst für Kinder
2. ☐ Laufen Sie mit!
3. ☐ Basler Jazzsommer
4. ☐ Englisch und Deutsch die wichtigsten Fremdsprachen in der Schweiz
5. ☐ Wieder Masken auf Basels Straßen

A

17. Februar

Nächsten Montag um 4 Uhr früh beginnt die Basler Fasnacht mit dem Morgenstraich. In allen Straßen gehen die Lichter aus und es erklingt Pfeifen- und Trommelmusik. Die Musiker tragen alte traditionelle Masken und haben darauf eine kleine „Kopflaterne" montiert. Die Gaststätten servieren den hungrigen Gästen schon am frühen Morgen Fasnachtsspezialitäten: Mehlsuppe und Zwiebelwähe. Aber Vorsicht! Der restliche Montag ist ein ganz normaler Arbeitstag.

B

10. August

Es ist wieder so weit. Wie jedes Jahr am zweiten Freitag im August findet das beliebte Jazzfestival in der Basler Altstadt statt. Internationale Jazzbands spielen in Basels Innenhöfen, auf dem Marktplatz, am Spalenberg und in oder vor den Restaurants. Wie immer gilt auch dieses Mal: Wer zuerst kommt, bekommt die besten Plätze.

C

3. März

Laut Bundesamt für Statistik ist Mehrsprachigkeit im Schweizer Berufsleben weit verbreitet, in der Deutschschweiz und im rätoromanischen Sprachgebiet deutlich mehr als in der französischen und italienischen Schweiz. Interessanterweise ist in der französischen Schweiz Englisch und nicht Deutsch die Fremdsprache Nummer eins. Hingegen liegt in der Deutschschweiz Französisch als Fremdsprache vor Englisch. In den italienischen und rätoromanischen Sprachgebieten lernt man lieber Deutsch als Französisch oder Englisch.

D

12. November

Ein Tipp für Familien: In speziellen Führungen möchte das **Museum Jean Tinguely** *auch Kindern die Kunst des 20. Jahrhunderts näher bringen. Was ist da besser geeignet als die heiteren und fantasievollen Maschinenskulpturen des berühmten Schweizer Künstlers Jean Tinguely? (Ab 7 Jahre, Führungstermine siehe Tagespresse)*

E

2. November

Wie jedes Jahr veranstaltet die Basler Zeitung am 24. November einen Stadtlauf durch Basel. Sie können in verschiedenen Kategorien starten. Die Strecke beträgt je nach Kategorie zwischen einem und zehn Kilometer. Der Start ist am Münsterplatz um 17.20 Uhr, das Ziel am Marktplatz. Schriftliche Anmeldungen sind noch möglich bis 17. November bei Basler Stadtlauf, Postfach 40 02, Basel, oder unter www.stadtlauf.ch.

Grammatik

1 Die Komparation

→ S. 155

Adjektiv	Komparativ	Superlativ	Adjektiv	Komparativ	Superlativ
schnell	schneller	am schnellsten	hoch	höher	am höchsten
praktisch	praktischer	am praktischsten	groß	größer	am größten
sportlich	sportlicher	am sportlichsten	alt	älter	am ältesten
teuer	teurer	am teuersten	gut	besser	am besten
interessant	interessanter	am interessantesten	gern	lieber	am liebsten
			viel	mehr	am meisten

2 Der Vergleich

→ S. 137, 156

Der Vergleich mit als

Die Bahn ist schneller als das Fahrrad.
Das Fahrrad ist nicht schneller als das Auto.

Der Vergleich mit so ... wie

Die Bahn ist so schnell wie der Bus.
Das Fahrrad ist nicht so schnell wie das Auto.

3 Die Präpositionen aus, bei, von, zu

→ S. 152

m	aus dem	Zug	bei dem = beim	Zoll
f	aus der	Stadt	bei der	Bank
n	aus dem	Umland	bei dem = beim	Kaufhaus
Pl	aus den	Kaufhäusern	bei den	Banken
m	von dem = vom	Arbeitsplatz	zu dem = zum	Zoll
f	von der	Firma	zu der = zur	Arbeit
n	von dem = vom	Haus	zu dem = zum	Kaufhaus
Pl	von den	Freunden	zu den	Arbeitsplätzen

Regel: *aus*, *bei von* und *zu* immer mit Dativ.

4 Das Pronomen: Dativ

→ S. 149

Nominativ	ich	du	er	sie	es	wir	ihr	sie	Sie
Akkusativ	mich	dich	ihn	sie	es	uns	euch	sie	Sie
Dativ	mir	dir	ihm	ihr	ihm	uns	euch	ihnen	Ihnen

Glückaufstraße 14, Bochum

Otto Grabowski (62), Frührentner und nebenbei Hausmeister, verheiratet mit Thekla Grabowski (59), Floristin, zwei erwachsene Kinder

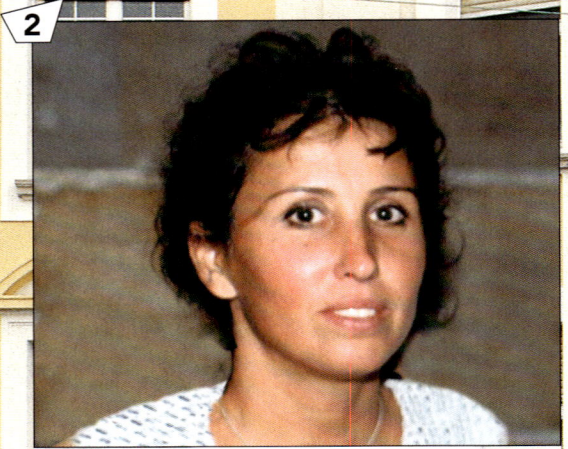

Birgül Alak (42), Ladenbesitzerin, verheiratet mit Ergin Alak (46); drei Kinder: Tarkan (17), Emre (15), Sevgi (12)

1 | Hören | Sprechen | **Lesen** | Schreiben |

Das Haus in der Glückaufstraße 14 und seine Wohnungen

Bitte tragen Sie die richtigen Wörter ein.

- ☐ Erdgeschoss, Laden, Hof, Garage, 4-Zimmer-Wohnung (Wohnzimmer, Esszimmer, Schlafzimmer, Kinderzimmer, Küche, Bad)
- ☐ erster Stock, 4-Zimmer-Wohnung, Balkon
- ☐ *1* zweiter Stock, 2-Zimmer-Wohnung (Wohnzimmer, Schlafzimmer, Küche, Bad), Balkon
- ☐ dritter Stock: 2-Zimmer-Wohnung, Balkon
- ☐ Dachgeschoss, 1-Zimmer-Appartement (Zimmer mit Küchenzeile, Bad)
- ☐ die Treppe im Treppenhaus

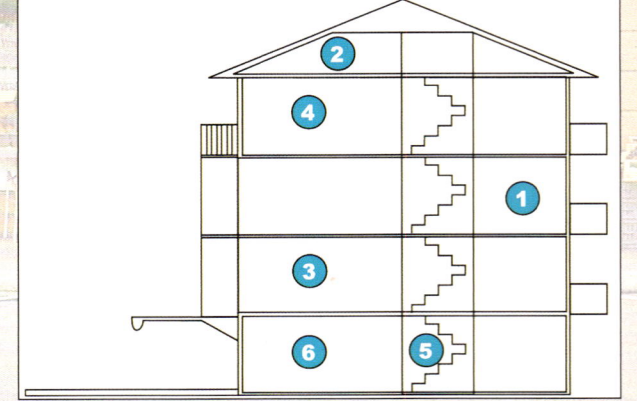

Tao Gui (21), an der Fachhochschule Bochum als Austausch-Student aus Singapur (Elektrotechnik)

Jochen Krause (32), Zahntechniker, verheiratet mit Silke Lipski-Krause (31), Bankangestellte, zwei Kinder: Anna-Lena (4) und Benjamin (11 Monate)

Federica Petrera (25), Telekom-Angestellte, Wohngemeinschaft mit Kerstin Schmittke (27), Marketingassistentin

2

Hören Sprechen **Lesen** Schreiben

Was passt? Wer sagt was?

1 Darf es etwas mehr sein?

2 Zurzeit bin ich Hausmann, das macht mir großen Spaß!

3 Pro Woche mache ich mindestens 10 Überstunden.

4 Meine Eltern kommen aus Italien, aber ich bin in Deutschland geboren.

5 Ich war Bergmann von Beruf, heute bin ich Frührentner.

6 Bei uns müssen die Studenten mehr Prüfungen machen als in Deutschland.

1. Kerstin Schmittke: Satz Nr. 3
2. Otto Grabowski: Satz Nr. _____
3. Frau Alak: Satz Nr. _____
4. Tao Gui: Satz Nr. _____
5. Jochen Krause: Satz Nr. _____
6. Federica Petrera: Satz Nr. _____

Die Zeche Helene

Eine Zeche im Ruhrgebiet

a) Welche Bildunterschrift gehört zu welchem Foto?

1. Die Zeche Helene heute. Hier kann man seine Freizeit aktiv verbringen: Sport machen, in die Sauna gehen, Freunde treffen, im Café sitzen …   Foto Nr. _____

2. Die Zeche Helene 1958. Hier hat man fast 100 Jahre lang Kohle abgebaut, die Bergleute haben dort hart gearbeitet.   Foto Nr. _____

b) Welche Sätze passen zu welchem Bild?

1. Von 1870 bis 1958 war die Zeche Helene ein Bergwerk.   Foto Nr. _____

2. Hier musste man hart arbeiten: Ein Bergmann konnte oft eine ganze Woche lang kein Tageslicht sehen.   Foto Nr. _____

3. Heute muss man hier nicht mehr arbeiten. Die Zeche Helene ist seit 1997 ein Sport- und Freizeitzentrum.   Foto Nr. _____

4. Man kann hier Sport machen und es gibt außerdem eine Sauna, ein Solarium und im Sommer einen Biergarten.   Foto Nr. _____

5. Frauen durften nicht in der Zeche arbeiten. Die Arbeit war körperlich zu anstrengend und gefährlich.   Foto Nr. _____

6. Kinder dürfen dienstags und donnerstags mitkommen: Von 16 bis 18 Uhr bietet das Zentrum ein Programm für Kinder an.   Foto Nr. _____

Die Zeche Helene früher und heute

Was können Sie jetzt über die Fotos 1 und 2 sagen?

> Die Zeche Helene war früher …

> Heute kann man in der Zeche Helene …

3 | Hören | Sprechen | Lesen | Schreiben

Kerstin Schmittke und Otto Grabowski in der Zeche Helene

Hören Sie und nummerieren Sie.

- [ ] Möchten Sie etwas trinken?
- [ ] Prost, Herr Grabowski.
- [ ] Ich komme zwei- bis dreimal pro Woche ins Fitness-Studio.
- [ ] Was machen Sie denn hier?
- [ ] Ich treffe meine Kollegen von früher.
- [1] Was für eine Überraschung!
- [ ] Ich arbeite in Essen.
- [ ] Also, zum Wohl, Frau Schmittke!

4 | Hören | Sprechen | Lesen | Schreiben

Was machen Sie denn hier?

a) Arbeiten Sie zu zweit. Wählen Sie eine Situation und schreiben Sie einen Dialog.

1. Sie treffen jemanden aus Ihrem Sprachkurs zufällig auf dem Markt.
2. Sie treffen eine Kollegin oder einen Kollegen von früher zufällig in einer Kneipe.
3. Sie treffen eine Freundin oder einen Freund zufällig auf einer Party.

So ein Zufall! _____

_____

_____

b) Spielen Sie den Dialog im Kurs vor.

Zwei Biografien

1 | Hören | Sprechen | Lesen | Schreiben |

Die Arbeit von Otto Grabowski in der Zeche

Richtig (r) oder falsch (f)?

1. Otto Grabowski hat 1917 mit der Arbeit in der Zeche angefangen. _____ r f
2. Er musste früher jeden Samstag arbeiten. _____ r f
3. Er musste nie Nachtschicht machen. _____ r f
4. Der Chef in der Zeche durfte nie zu spät kommen. _____ r f
5. Die Kollegen von Otto Grabowski waren sympathisch. _____ r f
6. Er konnte früher ein bisschen Türkisch sprechen. _____ r f

2 | Hören | Sprechen | **Lesen** | **Schreiben** |

Kerstin Schmittke erzählt

a) Lesen Sie den Text. Lösen Sie dann Aufgabe b).

Kerstin Schmittke	Ich arbeite in einer Internetfirma als Marketingassistentin. Eigentlich finde **(1)** _____ die Arbeit gut, aber ich muss so viele Überstunden machen: pro Woche mindestens 10!
Otto Grabowski	Oh, das ist ja furchtbar!
Kerstin Schmittke	Wissen Sie, eigentlich wollte ich früher etwas ganz anderes machen. Ich wollte Stewardess werden. Fliegen **(2)** _____ super! Aber meine Eltern wollten das nicht.
Otto Grabowski	Warum denn nicht?
Kerstin Schmittke	Ach, mein Vater hat gesagt: Das ist zu **(3)** _____ .
Otto Grabowski	Da **(4)** _____ er Recht!
Kerstin Schmittke	Na ja. Aber mein Vater hat immer alles für uns bestimmt, wir durften nichts selbst entscheiden. Meine Schwester wollte Schreinerin werden. Da hat er gesagt: Das ist **(5)** _____ Beruf für Mädchen! Sie musste dann Friseurin werden und bei meiner Mutter im Friseursalon arbeiten.
Otto Grabowski	Ihr Vater wollte doch sicher nur das Beste für Sie. Kommen Sie, trinken wir noch **(6)** _____ !

b) Welches Wort passt in die Lücke?

1. a) ☐ mich   b) ☒ ich
2. a) ☐ ist   b) ☐ bin
3. a) ☐ gefährlicher b) ☐ gefährlich
4. a) ☐ hattest   b) ☐ hatte
5. a) ☐ kein   b) ☐ keine
6. a) ☐ nichts   b) ☐ etwas

3 Schreiben und verstehen: Modalverben im Präteritum

Hören | Sprechen | Lesen | **Schreiben**

	müssen	können	dürfen	wollen
ich	musste	konnte	durfte	
du	musstest	konntest	durftest	wolltest
er • sie • es				
wir		konnten		wollten
ihr	musstet	konntet	durftet	wolltet
sie • Sie	mussten	konnten	durften	

4 Zwei Biografien

Hören | **Sprechen** | Lesen | Schreiben

a) Bitte notieren Sie. Was wissen Sie über die Personen?

Otto Grabowski

früher: *war Bergmann*

heute: *ist Frührentner*

Kerstin Schmittke

früher: *wollte Stewardess werden*

heute: *geht zwei- bis dreimal pro Woche ins Fitness-Studio*

b) Und jetzt erzählen Sie.

Otto Grabowski war früher …

Kerstin Schmittke wollte …

5 Wie war Ihre Kindheit?

Hören | **Sprechen** | Lesen | Schreiben

Ich wollte, konnte, durfte, musste …

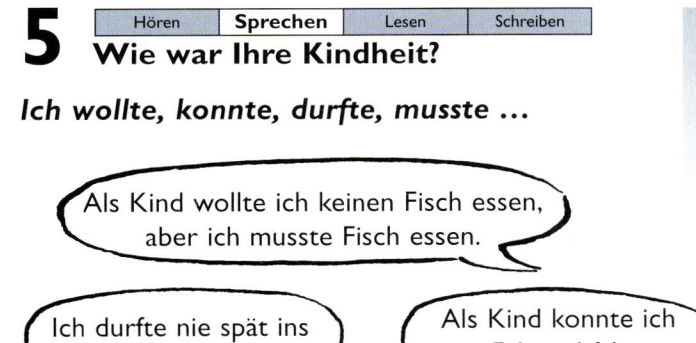

Als Kind wollte ich keinen Fisch essen, aber ich musste Fisch essen.

Ich durfte nie spät ins Bett gehen.

Als Kind konnte ich gut Fahrrad fahren.

nie
oft
immer
manchmal
gern
nicht gut

spät ins Bett gehen
ein Instrument spielen
Fahrrad fahren
Jeanshosen tragen
Fisch essen
die Küche aufräumen
Coca-Cola trinken
Fußball spielen

Lebensmittel Alak

1 Hören Sprechen **Lesen** Schreiben
Eine Anzeige von Lebensmittel Alak

a) 5 Zeichnungen. Bitte nummerieren Sie.

- [ ] die Packung
- [1] der Kasten
- [ ] die Schachtel
- [ ] die Dose
- [ ] das Glas

LEBENSMITTEL ALAK
Frisch und günstig – Sonderangebote

Obst und Gemüse	Span. Kopfsalat, Stück	€ –,55
	Bananen, 1 kg	€ 1,19
	Dtsch. Bodenseeäpfel, 1 kg	€ –,99
	türk. Tomaten, 1 kg	€ 1,55
	Orangen, 1 kg	€ –,99
	Sieglinde-Kartoffeln, 10 kg	€ 2,99
Lebensmittel	Jacobs-Krönung-Kaffee, 500 g	€ 3,99
	Oliven in Dosen, 1/2 kg	€ 1,49
	Himalaya-Reis, 5-kg-Packung	€ 4,45
	Mehl, 1-kg-Paket	€ 0,40
	Merci-Pralinen, Schachtel	€ 1,49
Fleisch- und Wurstwaren	Putenschnitzel, 100 g	€ –,69
	Lamm-Hackfleisch, 1 kg	€ 6,99
Molkerei-produkte	Schafskäse, 500 g	€ 4,99
	H-Milch, 3,5% Fett, 1-l-Tüte	€ –,49
	Natur-Joghurt, 500-g-Glas	€ 1,90
	Qualitätsbutter, 1/2 Pfd.	€ 1,05
Getränke	Traubensaft, Kasten (12 Fl.), m. Pfand	€ 12,99
	Franz. Natur-Wasser, 1,5-l-Fl.	€ –,79

Jeden Dienstag frischen Fisch!

Glückaufstraße 14, 44793 Bochum. 🅿 beim Haus

b) Was bedeuten die Abkürzungen?

| das Pfund   der Deziliter   das Gramm   ~~das Dekagramm~~   der Liter   das Kilogramm |

1. 10 dag (= *1 Dekagramm/10 Gramm*)
2. 1 l (= _____)
3. 4 kg (= _____)
4. 3 Pfd. (= _____)
5. 100 g (= _____)
6. 1 dl (= _____)

2 Hören **Sprechen** Lesen Schreiben
Eine Werbeanzeige

a) Lesen Sie die Anzeige. Fragen Sie.

▶ Wie viel kostet 1 Kilo Bananen?
◁ 1 Kilo Bananen kostet 1,19 €.
▶ Wie viel kosten …?
◁ … kosten … €.

b) Sie kaufen ein. Was sagen Sie?

> 100 Gramm Käse, bitte.

> Ich möchte bitte ein Kilo Tomaten.

> Ich hätte gern ein …

3 Herr Krause kauft ein

Hören · Sprechen · Lesen · **Schreiben**

Hören Sie den Dialog und ergänzen Sie.

> Darf es etwas mehr sein?   Kann ich bitte eine Tüte haben?   ~~Darf es sonst noch etwas sein?~~
> Geschnitten oder am Stück?   Haben Sie sonst noch einen Wunsch?

Frau Alak	Guten Tag, Herr Krause! Was bekommen Sie?
Herr Krause	Guten Tag, Frau Alak. Ich hätte gern ein Kilo Birnen. Sind sie denn auch reif?
Frau Alak	Ja, und süß! *Darf es sonst noch etwas sein?*
Herr Krause	Bitte noch 100 Gramm Appenzeller Käse.
Frau Alak	_____
Herr Krause	Am Stück, bitte.
Frau Alak	Ah, jetzt sind es 135 Gramm. _____
Herr Krause	Ja, gern.
Frau Alak	_____
Herr Krause	Danke, das ist alles.
Frau Alak	3,49 €, bitte.
Herr Krause	_____
Frau Alak	Natürlich, macht 10 Cent. Also, auf Wiedersehen und schönen Abend noch!
Herr Krause	Danke, gleichfalls! Tschüs!

4 Eine neue Kundin bei Lebensmittel Alak

Hören · Sprechen · Lesen · **Schreiben**

Was hören Sie wirklich? Bitte korrigieren Sie.

1. Kann man bei Ihnen ~~Fisch~~ *Leergut* _____ abgeben?
2. Haben Sie heute beim Gemüse etwas im ~~Leergut~~ _____ ?
3. ~~Putenschnitzel~~ _____ brauche ich noch.
4. Haben Sie frischen ~~Nachtisch~~ _____ ?
5. Dann nehme ich zwei ~~Zwiebeln~~ _____, mager bitte!
6. Ich suche noch etwas zum ~~Sonderangebot~~ _____.

5 Sie organisieren ein Fest

Hören · **Sprechen** · Lesen · Schreiben

a) Wählen Sie eine Situation und diskutieren Sie.

1. Es ist Sommer. Sie machen am Nachmittag mit Ihrer Großfamilie ein Picknick.
2. Sie laden 20 Personen zu Ihrer Geburtstagsparty am Abend ein.
3. Sie feiern mit 12 Kollegen im Büro Ihre Beförderung.

> Wir brauchen 25 Bratwürste.

> Wir müssen … kaufen.

> Nein, … brauchen wir nicht.

> Ich esse kein …

b) Und jetzt gehen Sie einkaufen. Spielen Sie Dialoge im Kurs.

Meinungen über das Ruhrgebiet

1 | Hören | Sprechen | **Lesen** | **Schreiben** |

Eine Umfrage in der Zeitung „Ruhr Nachrichten"

a) Bitte lesen Sie.

Stefanie Fritsch (19), Auszubildende, Herne
Also, ich denke, dass die Verkehrsverbindungen im Ruhrgebiet sehr gut sind. Die Entfernungen zwischen den Städten sind nicht groß und man kommt mit der S-Bahn in jede Stadt. Ich zum Beispiel wohne in Herne und mache in Gelsenkirchen meine Ausbildung.

Federica Petrera (25), Telekom-Angestellte, Bochum
Ich finde es gut, dass es im Ruhrgebiet so viele Freizeit-möglichkeiten gibt. Bloß in meiner Wohnung gefällt es mir nicht mehr. Ich wohne in einer Wohngemeinschaft. Zu zweit in einer 2-Zimmer-Wohnung, das ist einfach viel zu eng! Ich suche gerade eine Wohnung, weil ich endlich allein wohnen möchte.

Renate Pokanski, Kauffrau (59), Essen
Unsere Industriegeschichte ist über 150 Jahre alt. Kohle und Stahl aus dem Ruhrgebiet waren für Deutschland sehr wichtig. Viele Industrie-gebäude sind heute Museen geworden – das ist gut so.
Ich meine, dass man hier sehr viel über die Vergangen-heit lernen kann.

Friedrich Bertsch (52), Stahlarbeiter, Oberhausen
Früher war das Ruhrgebiet für uns Arbeiter da, heute will man uns nicht mehr. Überall braucht man nur noch Kopfarbeiter. Ich bin arbeitslos geworden, weil man die Stahlfabrik in Duis-burg geschlossen hat. Ich

finde es nicht gut, dass Leute wie ich nur noch schwer eine Arbeit finden können.

José Manuel Rodrigues (36), Mechaniker, Gelsenkirchen
Na ja, es ist natürlich nicht so schön wie in Portugal, aber ich bin in Portugal und im Ruhrgebiet zu Hause. Mir gefällt es hier sehr gut, weil im Ruhrgebiet Menschen aus vielen Ländern leben. Links von mir wohnen Türken, rechts Kroaten, oben Polen und unten Deutsche. Und wir sind alle zusammen für den gleichen Fußballverein: Schalke 04.

b) Eine Überschrift passt zu der Umfrage. Welche? Kreuzen Sie an.

1. ☐ Kohle und Stahl aus dem Ruhrgebiet für den Export in die ganze Welt
2. ☐ Die meisten Menschen im Ruhrgebiet sind mit ihrem Wohnort zufrieden
3. ☐ Das Ruhrgebiet – keine internationale Region

c) Was meinen die Leute?

1. Stefanie sagt, dass *die Entfernungen zwischen den Städten nicht groß sind.*
2. Renate Pokanski sagt, dass _____ .
3. José Manuel Rodrigues gefällt es hier, weil _____ .
4. Federica Petrera findet es gut, dass _____
   Sie sucht eine Wohnung, weil *sie* _____ .
5. Friedrich Bertsch ist arbeitslos geworden, weil _____ .
   Er findet es nicht gut, dass *Leute wie er* _____ .

| Hören | Sprechen | Lesen | **Schreiben** |

2 Schreiben und verstehen: Nebensätze

dass-Sätze:			
Ich denke,	*dass*	die Verkehrsverbindungen gut	.
Frau Pokanski sagt,		man hier viel	.

weil-Sätze:			
Ich suche eine andere Wohnung,		mir meine Wohnung nicht mehr	*gefällt* .
Warum?		ich allein	wohnen möchte.

| Hören | **Sprechen** | Lesen | Schreiben |

3 Wo wohnen Sie?

a) Gefällt Ihnen Ihr Wohnort?

Sport- und Freizeitmöglichkeiten	**Arbeitsplätze**	**Einkaufsmöglichkeiten**
Kulturangebot **Schule für die Kinder** **Mieten** **Leute** **Verkehrsverbindungen**		

ruhig / laut   **billig / teuer**   **gut / schlecht**   **freundlich / unfreundlich**
hell / dunkel   **interessant / uninteressant**   **hoch / niedrig**   **viel / wenig**

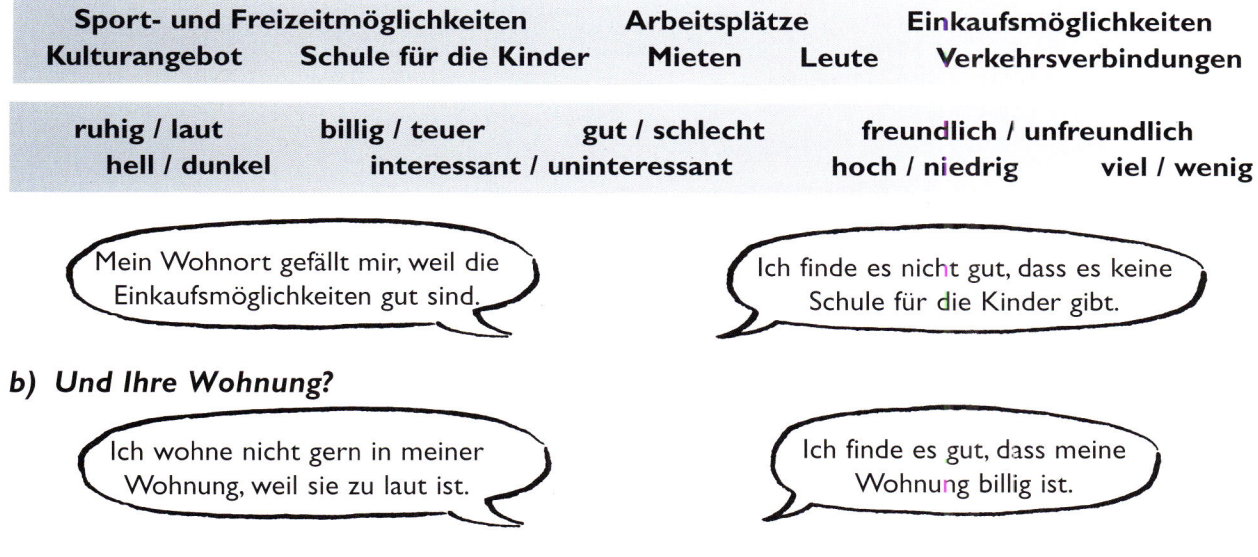

Mein Wohnort gefällt mir, weil die Einkaufsmöglichkeiten gut sind.

Ich finde es nicht gut, dass es keine Schule für die Kinder gibt.

b) Und Ihre Wohnung?

Ich wohne nicht gern in meiner Wohnung, weil sie zu laut ist.

Ich finde es gut, dass meine Wohnung billig ist.

| Hören | **Sprechen** | Lesen | Schreiben |

4 Hören und sprechen: die Intonation

Was hören Sie: Geht die Stimme so (→) oder so (↘)? Markieren Sie.

1. Federica Petrera sucht eine Wohnung (↘). Sie will endlich alleine leben (↘).
   Federica Petrera sucht eine Wohnung (→), weil sie endlich alleine leben will (↘).
2. José Manuel Rodrigues gefällt es im Ruhrgebiet ( ). Hier leben Menschen aus vielen Ländern ( ).
   José Manuel Rodrigues gefällt es im Ruhrgebiet ( ), weil hier Menschen aus vielen Ländern leben ( ).
3. Man kann in den Museen viel über die Vergangenheit lernen ( ). Renate Pokanski findet das gut ( ).
   Renate Pokanski findet gut ( ), dass man in den Museen viel über die Vergangenheit lernen kann ( ).
4. Friedrich Bertsch ist unzufrieden ( ). Er kann keine Arbeit mehr finden ( ).
   Friedrich Bertsch ist unzufrieden ( ), weil er keine Arbeit mehr finden kann ( ).

Wohnungssuche im Ruhrgebiet

1

Hören | Sprechen | Lesen | Schreiben

Federica Petrera sucht eine Wohnung

a) Wie möchte Federica gern wohnen? Hören Sie und kreuzen Sie an.

1. Federica sucht eine ☐ 1-Zimmer-Wohnung ☐ 1,5-Zimmer-Wohnung ☐ 2-Zimmer-Wohnung.
2. Die Wohnung darf nicht mehr als ☐ 200 € ☐ 350 € ☐ 400 € kosten.
3. Sie möchte ☐ einen Garten ☐ einen Balkon oder eine Terrasse ☐ keinen Balkon haben.

b) Welche Wohnung passt zu Federica?

Neubau, $2^1/_2$-Zi.-Whg. mit Südbalkon,
Keller und Tiefgarage, zentrumsnah.
Keine Haustiere. KM 380,– € + NK + Kt.
Wittmann IMMOBILIEN Essen
02 01/87 46 02-0
1

Zum 1. 5.: 2-Zi.-Whg., 56 m², 4. OG,
Aufzug, Gasheizung, Hausmeisterservice.
Tel. 01 79/7 94 46 24 (ab Montag)
3

2
Ruhige 1,5-Zi-Whg.,
52 m², im Umland von Bochum,
großer Garten (Gartenarbeit!), bald-
möglichst zu vermieten.
KM 270,– € + NK. Tel. 02 3 27/1 05 67

2-Zi.-Whg. im Zentrum
von Bochum, EG,
kl. Terrasse,
Miete 270,– € kalt + NK,
auf Wunsch Stellplatz.
Chiffre XO 3458
4

Von privat:
2-Zi.-Whg., 45 m², ruhig, in
Mehrfamilienhaus, Dachterrasse,
frei ab sofort, in Herne.
KM 280,– € + NK 120,– €
Tel. 02 3 23/89 96 58
5

2

Hören | Sprechen | Lesen | Schreiben

Wohnungsanzeigen in der Zeitung

a) Was bedeuten die Abkürzungen?

die Kaltmiete	~~die 2-Zimmer-Wohnung~~	die Kaution	das Obergeschoss
Nebenkosten (Pl.)	das Erdgeschoss	die Warmmiete	der Quadratmeter

1. 2-Zi.-Whg. = *die 2-Zimmer-Wohnung*   5. Kt. = _____
2. OG = _____   6. KM = _____
3. EG = _____   7. NK = _____
4. m² = _____   8. WM = _____

b) Lesen Sie noch einmal die Anzeigen in Aufgabe 1. Was wissen Sie?

	Wie groß?	Wie teuer?	Welcher Stock?	Balkon, Terrasse?
Wohnung Nr. 1	$2^1/_2$ Zimmer			
Wohnung Nr. 2				
Wohnung Nr. 3				
Wohnung Nr. 4				
Wohnung Nr. 5				

c) Bitte sprechen Sie über die Wohnungen:

Wohnung 3 ist … m² groß.
Sie kostet … pro Monat.

Die Nebenkosten betragen … .
Die Wohnung ist im … Stock.

Grammatik

1 Das Präteritum: die Modalverben *müssen, können, dürfen, wollen*

→ S. 143

	müssen	können	dürfen	wollen
ich	musste	konnte	durfte	wollte
du	musstest	konntest	durftest	wolltest
er • sie • es	musste	konnte	durfte	wollte
wir	mussten	konnten	durften	wollten
ihr	musstet	konntet	durftet	wolltet
sie • Sie	mussten	konnten	durften	wollten

2 Die Satzklammer: die Modalverben

→ S. 136, 143

	Verb (Modalverb)		Satzende (Infinitiv)
Früher	musste	Otto Grabowski am Samstag	arbeiten.
Als Kind	wollte	Kerstin etwas ganz anderes	machen.
Warum	durfte	Kerstin nicht Stewardess	werden?
	Konnte	Otto Grabowski früher Türkisch	sprechen?

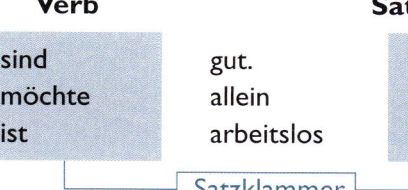

Satzklammer

3 Nebensätze

→ S. 137

Der Hauptsatz

	Verb		Satzende (Verb)
Die Verkehrsverbindungen	sind	gut.	
Federica	möchte	allein	wohnen.
Friedrich Bertsch	ist	arbeitslos	geworden.

Satzklammer

Der Nebensatz

Hauptsatz	Subjunktion		Satzende (Verb)
Stefanie sagt,	dass	die Verkehrsverbindungen gut	sind.
Federica sucht eine Wohnung,	weil	sie allein	wohnen möchte.
Herr Grabowski ist Frührentner,	weil	er sehr hart	arbeiten musste.

Nebensatz

Regel: Der Nebensatz beginnt mit einer Subjunktion (Signalwort) und endet mit dem konjugierten Verb.

Inhalt der Grammatik

Der Satz **132**

1 Satzformen 132
2 Der Aussagesatz 132
3 Die Fragesätze 133
4 Fragesätze mit *-welch* 134
5 Der Imperativ-Satz 134
6 Die Satzklammer 135
7 Satzkombinationen: Hauptsatz und Nebensatz 137

Das Verb **138**

1 Das Präsens 138
2 Der Imperativ mit *Sie* 140
3 Das Perfekt 141
4 Das Präteritum von *haben, sein, es gibt* 142
5 Modalverben 143
6 Verben und ihre Objekte 144

Das Nomen **144**

Artikel und Artikelwörter **145**

1 Der unbestimmte und der bestimmte Artikel 146
2 Der negative Artikel 147
3 Der Possessivartikel 148
4 *Welch-* 149

Pronomen und W-Wörter **149**

1 Die Pronomen *ich, du, er • sie • es, wir, ihr, sie / Sie* 149
2 Das Pronomen *man* 150
3 W-Wörter 151

Präpositionen **151**

1 Orts- oder Richtungsangaben 151
2 Zeitangaben 153
3 Andere Präpositionen 154

Adverbien **154**

Die Negation (Verneinung) **155**

Komparation und Vergleiche **155**

1 Komparation 155
2 Vergleiche 156

Sätze und Satzkombinationen

1 Satzformen

In der Regel hat jeder Satz im Deutschen ein **Subjekt** und ein **Verb**.

Frau Schmidt schläft.
Barbara steht auf.
Anna und Thomas fahren nach Süddeutschland.

Es gibt auch weitere **Satzteile**.

Timo fotografiert den Münsterplatz.	Akkusativ-Objekt (wen? was?)
Kennen Sie den Film? Ich finde ihn sehr spannend.	
Martin Miller arbeitet in Deutschland.	Ortsangabe (wo?)
Bernd Binger ist nicht hier.	
Heute gehen wir ins Café.	Richtungsangabe (wohin? woher?)
Boris kommt aus Russland.	
Kostas arbeitet auch am Wochenende.	Zeitangabe (wann?)
Der Zug kommt jetzt an.	
Der Kaffee ist kalt.	sein + Adjektiv
Marlene Steinmann ist Fotografin.	sein + Nomen

Man kann zwei Sätze mit *und, aber, oder* kombinieren. **und, aber, oder** stehen **zwischen Satz 1 und Satz 2**. Das **Verb** steht auf seiner **normalen Satzposition**.

Satz 1		Satz 2
Hören Sie die Dialoge	und	nummerieren Sie.
Heute arbeite ich,	aber	morgen habe ich Zeit.
Fahren Sie nach Wien	oder	bleiben Sie hier?

2 Der Aussagesatz   → L1, 4

Das **Verb** steht auf **Position 2**.

	Position 2	
Anna	kommt	aus Polen.
Sie	lernt	in Bremen Deutsch.
Martin Miller	reist	viel.

Das **Subjekt** steht im Deutschen **vor oder nach dem Verb**.

	Position 2	
Frau Schmidt	macht	Urlaub.
Du	wohnst	in München.
Vielleicht	kommt	ihr einmal nach Köln.

Tipp Das Subjekt bestimmt die Verb-Endung:

Ich fahre nach Berlin.

Heute kommt Martin.

Auch andere Elemente können auf Position 1 stehen, z. B. ein Adverb, das Akkusativ-Objekt oder ein anderer Satzteil.

Heute fährt Frau Mohr nach Brüssel.

► Siehst du den Michel und den Fernsehturm?
◁ Den Michel kann ich nicht sehen, aber den Fernsehturm sehe ich.

► Möchtest du nach Berlin fahren?
◁ Nach Berlin fahre ich nicht gerne, die Stadt ist teuer!

Das Akkusativ-Objekt kann in der **Satzmitte** (meistens) oder auf **Position 1** stehen. Vergleiche dazu auch S. 144 (Verben und ihre Objekte).

Position 1		Satzmitte	
► „Ich	beobachte	einen Hund."	
◁ „Einen Hund	beobachtest	du?	
	Siehst	du ihn denn?	
Ich	kann	keinen Hund	sehen!"

Tipp In der Satzmitte steht das Akkusativ-Objekt nach dem Subjekt.

Die Negation *nicht* steht nach den Objekten, aber vor der Orts- oder Richtungsangabe.

			nicht		
Meine Mutter	kauft	das Buch	nicht.		
Er	sagt	seinen Namen	nicht.		
Emil Maurer	wohnt		nicht	in Basel.	
Gestern	ist	Beat	nicht	nach Luzern	gefahren.

3 Die Fragesätze   → L1, 3, 5, 8

W-Fragen   → L1, 3, 5

Mit W-Fragen fragt man nach bestimmten Informationen. Das **Verb** steht auf **Position 2**, das **W-Wort** steht auf **Position 1**.

Frage			Mögliche Antwort
	Position 2		
Wer	ist	das?	Frau Schmidt. (Das ist Frau Schmidt.)
Wie	heißt	er?	Christian Hansen. (Er heißt Christian Hansen.)
Wo	wohnen	Sie?	In Frankfurt. (Ich wohne in Frankfurt.)
Woher	kommt	Herr Opong?	Aus Afrika. (Er kommt aus Afrika.)
Wohin	fahrt	ihr jetzt?	Nach München. (Wir fahren nach München.)
Was	fehlt	hier?	Der Artikel. (Der Artikel fehlt.)
Wann	findet	das Casting statt?	Um 10 Uhr. (Es findet um 10 Uhr statt.)
Wofür	brauchst	du Geld?	Für ein Auto. (Ich brauche Geld für ein Auto.)

Ja-/Nein-Fragen

→ L1, 5

Mit Ja-/Nein-Fragen will man wissen: Stimmt das? Ist das richtig? *Ja* oder *nein?*
Das **Verb** steht auf **Position 1**.

Frage		Mögliche Antwort
Position 1		
Kommst	du aus Russland?	Ja. (Ich komme aus Russland.)
Sind	Sie Herr Bauer?	Nein, mein Name ist Hansen.
Ist	das Ihr Buch?	Ja, danke.
Fängt	der Film jetzt an?	Nein, noch nicht.

Tipp Das Verb steht auf **Position 1**, das **Subjekt** steht **direkt hinter dem Verb**.

Bei negativen (verneinten) Fragen antwortet man mit **doch** oder **nein**.

Frage		Mögliche Antwort
Position 1		
Kommen	Sie nicht mit?	Doch, ich komme gern mit.
		Nein, ich habe keine Zeit.
Hast	du kein Auto?	Doch, natürlich.
		Nein, ich fahre Fahrrad.

4 Fragesätze mit *welch-*

→ L8

Das Fragewort *welch-* steht zusammen mit dem Nomen auf **Position 1**.

Position 1			
Welcher Tag	ist	heute?	
Welche Farbe	hat	das Kleid?	Vergleiche dazu auch S. 145
Welches Auto	ist	billig?	(Artikel und Artikelwörter).

5 Der Imperativ-Satz

→ L1

Das **Verb** steht auf **Position 1**.

Position 1	
Schreiben	Sie.
Lesen	Sie bitte.
Sprechen	Sie bitte langsam.

Hier verwendet man den Imperativ:

- Bitten und Aufforderungen:
  Markieren Sie bitte.
  Bitte suchen Sie im Text.
- Rat, Tipp: Lernen Sie die Nomen
  immer mit Artikel und Plural.

 Tipp Bei Bitten und Aufforderungen verwendet man meist *bitte.* Ohne *bitte* ist der Imperativ oft unfreundlich. *bitte* kann auch vor dem Verb stehen: Bitte hören Sie den Dialog.

6 Die Satzklammer

→ L2, 3, 4, 6, 7, 8, 10

Viele Verben haben im Satz zwei Teile. Der eine Teil (die Verbform mit Person) steht auf **Position 2 oder 1**, der andere am **Satzende**. Die beiden Verbteile bilden eine **Satzklammer**.

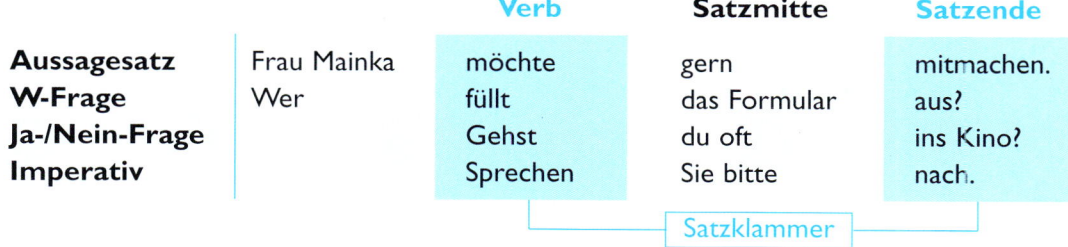

		Verb	Satzmitte	Satzende
Aussagesatz	Frau Mainka	möchte	gern	mitmachen.
W-Frage	Wer	füllt	das Formular	aus?
Ja-/Nein-Frage		Gehst	du oft	ins Kino?
Imperativ		Sprechen	Sie bitte	nach.

Satzklammer

Die Satzmitte kann unterschiedlich gefüllt sein:

Ich spiele		Tennis.
Ich spiele	oft	Tennis.
Ich spiele	sehr oft	Tennis.
Ich spiele	sehr oft mit Peter	Tennis.

Die Satzklammer hat viele Formen:
- trennbare Verben (fängt ... an)
- zweiteilige Verben (hört ... Musik)
- Modalverb + Infinitiv (muss ... gehen)
- Perfekt: *sein / haben* + Partizip Perfekt (hat ... gemacht; ist ... gegangen)
- *sein* + Adjektiv / Nomen (ist ... schön; ist ... Lehrerin)

Tipp Vergessen Sie den zweiten Verbteil nicht – er bringt wichtige Informationen:
Ich spiele oft Tennis / Karten / Fußball.

Die Satzklammer hat viele Formen:
trennbare Verben (fängt ... an)
zweiteilige Verben (hört ... Musik)
Modalverb + Infinitiv (muss ... gehen)
Perfekt: *sein / haben* + Partizip Perfekt (hat ... gemacht; ist ... gegangen)
sein + Adjektiv / Nomen (ist ... schön; ist ... Lehrerin)

Sätze mit trennbaren Verben

→ L3

Trennbare Verben bilden eine Satzklammer. Sie haben ein Präfix (eine Vorsilbe), z. B. an- (anfangen). Der **erste Verbteil** (das Präfix, die Vorsilbe) steht am **Satzende**, der **zweite Verbteil** (die Verbform mit Person) steht auf **Position 2 oder 1**.

	Verb		Satzende (Präfix)
Die Show	fängt	um 20 Uhr	an.
Wer	spielt	heute	mit?
	Findet	das Casting heute	statt?
	Lesen	Sie bitte	vor.

Satzklammer

Sätze mit Modalverben

→ L3, 4, 8, 10

Das Modalverb steht auf Position 2 oder 1, der Infinitiv steht am Satzende.

	Verb (Modalverb)		Satzende (Infinitiv)
Tanja	will	mehr von Nürnberg	kennen lernen.
Wir	möchten	nach Italien	fahren.
Wo	kann	Frau Egli	einkaufen?
	Können	Sie das bitte	wiederholen?
Otto	konnte	früher Türkisch	sprechen.
	Dürfen	wir im Garten	spielen?
Hier	darf	man nicht	rauchen.
Kerstin	durfte	nicht Stewardess	werden.
Die Marktfrau	muss	am Samstag	arbeiten
Die Bergleute	mussten	hart	arbeiten.

Satzklammer

Tipp In Sätzen mit Modalverben und trennbaren Verben steht das trennbare Verb im Infinitiv am Satzende: Ich möchte sofort ⟨ an fangen ⟩.

Tipp Modalverben kann man manchmal auch ohne Infinitiv verwenden:
Ich möchte einen Kaffee. (= Ich möchte einen Kaffee haben.)
Ich kann Deutsch. (= Ich kann Deutsch sprechen.)
Ich muss nach Hause. (= Ich muss nach Hause gehen.)

Sätze im Perfekt

→ L6

Im Perfekt bilden alle Verben eine Satzklammer. haben oder sein stehen auf Position 2 oder 1, das Partizip Perfekt steht am Satzende.

	Verb (haben / sein)		Satzende (Partizip Perfekt)
Gestern	ist	Frau Mohr nach Brüssel	gefahren.
Sie	hat	dort einen Freund	getroffen.
	Sind	Sie schon einmal in Brüssel	gewesen?
Heute	hat	der Tag früh	angefangen.
Um 6 Uhr	bin	ich schon	aufgestanden.
Dann	habe	ich die Betten	gemacht.
Was	hat	Valentina	mitgebracht?

Satzklammer

Sätze mit sein *+ Adjektiv / Nomen* → L2, 5, 9

Das Verb *sein* steht auf **Position 2 oder 1**, das **Adjektiv** bzw. das **Nomen** steht am **Satzende**.

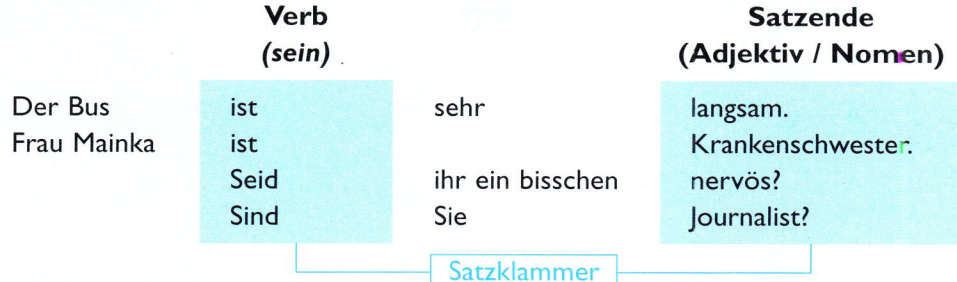

	Verb (sein)		Satzende (Adjektiv / Nomen)
Der Bus	ist	sehr	langsam.
Frau Mainka	ist		Krankenschwester.
	Seid	ihr ein bisschen	nervös?
	Sind	Sie	Journalist?

Satzklammer

als + Nomen / Adverb und *wie* **+ Nomen / Adverb** stehen meistens **nach dem Satzende**.

	Verb		Satzende	als / wie + Nomen / Adverb
Berlin	ist	viel	größer	als Nürnberg.
Er	hat	gestern mehr	gearbeitet	als heute.
	Ist	Basel so	anstrengend	wie Zürich?
Früher	ist	man nicht so viel	gereist	wie heute.

Satzklammer

7 Satzkombinationen: Hauptsatz und Nebensatz → L10

Viele Verben haben im Satz zwei Teile. Dann gibt es im Hauptsatz eine **Satzklammer**: Das konjugierte Verb steht auf **Position 2 oder 1**, der zweite Teil des Verbs steht am **Satzende**.

	Verb	Satzmitte	Satzende
Heute	hat	der Tag früh	angefangen.
	Kommst	du morgen	mit?

Satzklammer

Bei Nebensätzen steht auf **Position 1** die **Subjunktion**, am Ende steht das **konjugierte Verb**.

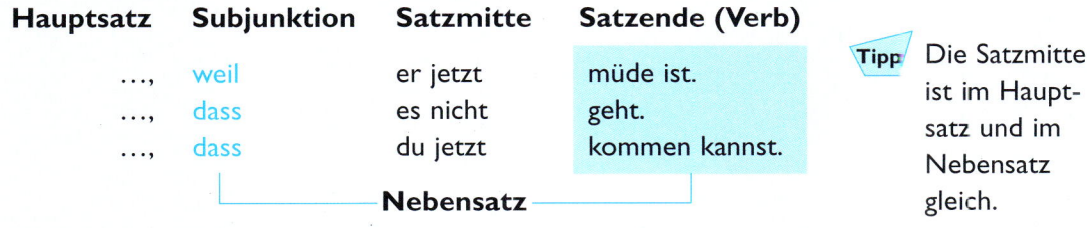

Hauptsatz	Subjunktion	Satzmitte	Satzende (Verb)
...,	weil	er jetzt	müde ist.
...,	dass	es nicht	geht.
...,	dass	du jetzt	kommen kannst.

Nebensatz

Tipp Die Satzmitte ist im Hauptsatz und im Nebensatz gleich.

Wenn es mehrere Verbteile gibt, steht das konjugierte Verb **ganz am Ende**.

...,	weil	er das noch nicht	gemacht hat.
...,	dass	du jetzt	kommen kannst.

Nebensätze kombiniert man fast immer mit einem Hauptsatz.

Ich glaube,	dass es nicht geht.
Er schläft,	weil er müde ist.
Hauptsatz	**Nebensatz**

Tipp Als Antwort kann ein Nebensatz auch allein stehen: „Warum kommt sie nicht?" „Weil sie keine Zeit hat."

Der Nebensatz kann auch **zuerst** stehen. Dann steht er auf **Position 1 vom Hauptsatz**.

Position 1	Position 2		Satzende
Nebensatz	**konjugiertes Verb**		**zweiter Verbteil**
Weil er in Berlin ist,	kann	er nicht	kommen.

So verwendet man die Subjunktionen:

Grund: Kerstin ist nicht Stewardess geworden,   weil ihre Eltern das nicht wollten.

Die Subjunktion *dass* hat grammatische Funktion, sie verbindet den Nebensatz mit dem Hauptsatz:
Ich glaube: Er kommt bald.   → Ich glaube, dass er bald kommt.

Das Verb

Grundprinzipien:

- Das Subjekt bestimmt die Verb-Endung:
  ich komme   kommst du?   er • sie • es kommt
  wir kommen   kommt ihr?   sie • Sie kommen
- Das Verb bestimmt die übrigen Satzteile:
  Familie Daume beobachtet den Münsterplatz. | Akkusativ-Objekt
  Thomas Bauer wohnt in Bremen. | Ortsangabe

1 Das Präsens

→ L1

Regelmäßige Verben

		komm-en (Infinitiv)
Singular		
1. Person	**ich**	komm-e
2. Person	**du**	komm-st
3. Person	**er • sie • es**	komm-t
Plural		
1. Person	**wir**	komm-en
2. Person	**ihr**	komm-t
3. Person	**sie**	komm-en
	Sie	komm-en

Tipp *du, ihr*: familiäre Anrede (Familie, Freunde, junge Leute); **Sie**: formelle Anrede im Singular und Plural (fremde Erwachsene, formelle Situationen). Vgl. dazu auch S. 149/150 (Pronomen und W-Wörter).
Die Verbform ist identisch mit sie kommen (3. Person Plural).

Verben mit Vokalwechsel

→ L1, 4

Manche Verben ändern bei *du* und *er • sie • es* ihren Vokal. Alle anderen Formen sind im Präsens regelmäßig.

	a → ä: fahren	e → i: essen
ich	fahre	esse
du	fährst	isst
er • sie • es	fährt	isst
wir	fahren	essen
ihr	fahrt	esst
sie • Sie	fahren	essen

Ebenso

schlafen: du schläfst
waschen: du wäschst
anfangen: du fängst an

sprechen: du sprichst
geben: du gibst
treffen: du triffst
lesen: du liest
sehen: du siehst
nehmen: du nimmst

 Tipp Nicht alle Verben mit *a* oder *e* haben Vokalwechsel.

Verben mit kleinen Varianten

Die Verben auf **-den, -ten** brauchen bei *du, er • sie • es* und *ihr* ein -e vor der Verb-Endung.

-den, -ten: finden, arbeiten, warten: du findest, er • sie • es arbeitet; ihr wartet

Die Verben auf **-ßen, -sen** brauchen bei *du* kein zusätzliches -s in der Verb-Endung.

-ßen, -sen: heißen, reisen, essen: du heißt, du reist, du isst

Trennbare Verben

→ L3

Im Deutschen gibt es viele trennbare Verben. Im Infinitiv sehen sie ganz normal aus: anfangen, mitmachen, mitspielen, nachsprechen, stattfinden, vorlesen usw.

Trennbare Verben haben ein betontes Präfix (eine betonte Vorsilbe). Es steht am **Satzende**. Mit dem zweiten Verbteil (Verbform mit Person) bildet es eine **Satzklammer**.

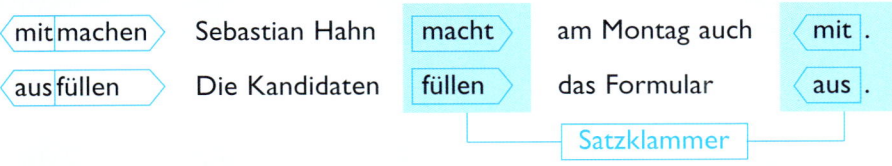

Verben mit diesen Präfixen sind trennbar:

ab(fahren), an(fangen), auf(räumen), aus(füllen), ein(kaufen), mit(machen), nach(sprechen), vor(lesen), vorbei(gehen), weg(bringen), zurück(liegen)

Tipp Trennbare Präfixe sind betont. Lernen Sie die Verben mit der richtigen Betonung:
a̲nfangen, mi̲tmachen, na̲chsprechen, sta̲ttfinden.

Diese Verben haben auch zwei Teile und bilden eine **Satzklammer**:

Auto fahren, Fußball spielen, Musik hören, Platz nehmen, Deutsch sprechen, spazieren gehen, da sein, dran sein: Frau Mainka ⟨ist⟩ um 10 Uhr ⟨dran⟩.

Untrennbare Verben   → L7

Verben mit diesen Präfixen sind untrennbar. Sie sind immer unbetont:

be-, ent- / emp-, er-, ge-, miss-, ver-, zer

beste̲llen, entde̲cken, empfa̲ngen, erzä̲hlen, gefa̲llen, verka̲ufen, zerstö̲ren.

Unregelmäßige Verben

Diese Verben sind sehr häufig:

	sein	**haben**	**werden**	**wissen**
ich	bin	habe	werde	weiß
du	bist	hast	wirst	weißt
er • sie • es	ist	hat	wird	weiß
wir	sind	haben	werden	wissen
ihr	seid	habt	werdet	wisst
sie • Sie	sind	haben	werden	wissen

2 Der Imperativ mit *Sie*   → L1

Die Verbform des Imperativs mit *Sie* ist identisch mit der *Sie*-Form im Präsens.
Aber das **Verb** steht auf **Position 1**.

Sie kommen   Kommen Sie.
Sie fangen an   Fangen Sie an.

Grammatik
140

3 Das Perfekt

→ L6, 7

Das Perfekt drückt die Vergangenheit aus. Man verwendet es vor allem in der gesprochenen Sprache, in der Konversation.

Die Form

Das Perfekt hat zwei Teile: eine Verbform von *haben* oder *sein* und das Partizip Perfekt. Beide Teile bilden eine **Satzklammer**. Die Verbform von **haben** oder **sein** steht auf **Position 2 oder 1**, das **Partizip Perfekt** steht am **Satzende**.

		Verb		Satzende
haben + **Partizip Perfekt**	Wir	haben	viel	gelacht.
	Hast		du das Zimmer	aufgeräumt?
sein + **Partizip Perfekt**	Gestern	sind	wir in Berlin	gewesen.
	Wer	ist	nach Erfurt	gefahren?

Satzklammer

Hilfsverb haben *oder* sein

Die meisten Verben bilden das Perfekt mit *haben*. Einige wichtige Verben bilden das Perfekt mit *sein*, z. B. Verben der Bewegung oder Veränderung.

- Bewegung: Kevin ist zu Fuß gegangen.
- Veränderung des Orts: Tanja ist nach Spanien geflogen.
- Veränderung eines Zustands: Sascha ist krank geworden.
- Geschehen: Was ist passiert?
- Außerdem: *sein* und *bleiben*: Wo ist Elisabeth gewesen? Sie ist in Erfurt geblieben.

Das Partizip Perfekt

Regelmäßige Verben

Das Partizip Perfekt der regelmäßigen Verben bildet man mit **ge-** und **-t**.

fragen → ge- frag -t   sagen → ge- sag -t
machen → ge- mach -t   wohnen → ge- wohn -t

Tipp Verben auf **-ten** haben die Endung **-et**: arbeiten → gearbeitet, heiraten → geheiratet, warten → gewartet

Unregelmäßige Verben

Das Partizip Perfekt der unregelmäßigen Verben bildet man mit **ge-** und **-en**.

fahren → ge- fahr -en			nehmen → ge- nomm -en	
gehen → ge- gang -en			werden → ge- word -en	

 Tipp Bei den unregelmäßigen Verben ändert sich auch oft der wichtigste Vokal (der „Stamm-vokal") und manchmal die Konsonanten: helfen → geholfen, gehen → gegangen
Einige unregelmäßige Verben enden auf *-t*: bringen → gebracht, denken → gedacht

 Tipp Lernen Sie die Verben immer so: sprechen – spricht – gesprochen. Eine Liste der wichtigen Verben finden Sie im Anhang (ab S. 157).

• Bei Verben mit **trennbaren Präfixen** steht *-ge-* **nach** dem trennbaren Präfix.

aufmachen	→	auf -ge- macht	ankommen	→	an -ge- kommen
aufräumen	→	auf -ge- räumt	abfahren	→	ab -ge- fahren
auswechseln	→	aus -ge- wechselt	mitbringen	→	mit -ge- bracht

• Einige regelmäßige und unregelmäßige Verben haben kein *ge-*:
Verben auf *-ieren*:
studieren → studier -t; reservieren → reservier -t
Verben mit untrennbarem Präfix:
bestellen → bestell -t, erklären → erklär -t, entdecken → entdeck -t
beginnen → begonn -en, empfangen → empfang -en, vergessen → vergess -en

Verben mit diesen Präfixen sind untrennbar. Sie sind immer unbetont:

be-, ge-, ent- / emp-, er-, ge-, miss-, ver-, zer-

Tipp Alle Verben, die nicht auf der ersten Silbe betont sind, bilden das Partizip Perfekt **ohne ge-**.

4 Das Präteritum von *haben, sein, es gibt* → L5

Auch das Präteritum drückt Vergangenheit aus. Die Verben *haben, sein* und *es gibt* verwendet man meist im Präteritum, nicht im Perfekt.

	haben	sein	es gibt
ich	hatte	war	
du	hattest	warst	
er • sie • es	hatte	war	es gab
wir	hatten	waren	
ihr	hattet	wart	
sie • Sie	hatten	waren	

Modalverben bilden mit dem Infinitiv eine **Satzklammer**.

	Verb (Modalverb)		Satzende (Infinitiv)	Bedeutung:
Wir	möchten	nach Italien	fahren.	**Wunsch**
Herbert	will	jetzt	anfangen.	**Absicht**
	Wollt	ihr schon	gehen?	
Jetzt	kann	Andrea den Unterricht	planen.	**Fähigkeit**
Sie	können	gern noch	bleiben!	**freundliche Erlaubnis**
Ihr	dürft	jetzt im Garten	spielen.	**Erlaubnis**
Meine Kinder	dürfen	nicht viel	fernsehen.	**Verbot**
Warum	musst	du schon	gehen?	**Notwendigkeit**

Satzklammer

Negation von *müssen* und *dürfen*:

„Du musst nicht aufräumen!"

„Du darfst das nicht vergessen!"

Bedeutung:

Es ist nicht unbedingt notwendig, dass du aufräumst; du entscheidest selbst.

Vergiss das auf keinen Fall! (Verbot)

Weitere Verwendung der Modalverben:

- *dürfen* und *können* machen Bitten, Aufforderungen und Einladungen freundlicher:
  Darf ich Sie etwas fragen? Können Sie mir bitte helfen?
- Wünsche drückt man mit *möchte* aus, *wollen* klingt nicht sehr freundlich:
  Ich möchte (gerne) fünf Brezeln und ein Weißbrot.
  (Ich ~~will~~ fünf Brezeln und ein Weißbrot.)

Modalverben im Präsens und im Präteritum

Die Modalverben haben im **Präsens** Singular nur in der zweiten Person eine Endung *(-st)*; *können, müssen, wollen* und *dürfen* haben im Singular auch einen anderen Vokal.
Das **Präteritum** bildet man mit **-te**. Achtung: *möcht-* hat kein Präteritum.

	können	müssen	wollen	dürfen	sollen	möcht-
ich	kann	muss	will	darf	soll	möchte
du	kannst	musst	willst	darfst	sollst	möchtest
er • sie • es	kann	muss	will	darf	soll	möchte
wir	können	müssen	wollen	dürfen	sollen	möchten
ihr	könnt	müsst	wollt	dürft	sollt	möchtet
sie • Sie	können	müssen	wollen	dürfen	sollen	möchten

	können	müssen	wollen	dürfen	sollen	
ich	konnte	musste	wollte	durfte	sollte	Tipp: *möcht-* hat
du	konntest	musstest	wolltest	durftest	solltest	keinen
er • sie • es	konnte	musste	wollte	durfte	sollte	Infinitiv
wir	konnten	mussten	wollten	durften	sollten	
ihr	konntet	musstet	wolltet	durftet	solltet	
sie • Sie	konnten	mussten	wollten	durften	sollten	

6 Verben und ihre Objekte

Das Verb bestimmt, ob ein Akkusativ-Objekt im Satz vorkommt.

Verben mit **Akkusativ-Objekten** sind besonders häufig:

sehen

Subjekt   Akkusativ-Objekt

Ich sehe   ihn.
Kennen Sie   den Mann?

Andere wichtige Verben mit Akkusativ-Objekt:

finden: Klaus findet keine Wohnung in Köln.
haben: Ich habe leider keine Zeit.
kaufen: Kaufst du bitte eine Zeitung?
kennen lernen: Hast du sie schon kennen gelernt?
machen: Wir machen eine Pause.
vergessen: Ich vergesse immer den Artikel!

Der Artikel markiert oft deutlich Subjekt und Akkusativ-Objekt. Darum kann man im Deutschen die Objekte im Prinzip auch **vor** das Verb stellen. So drückt man meistens einen Kontrast aus:

Akkusativ-Objekt	Akkusativ-Objekt	Kontrast
Das Sandwich esse ich, aber	den Tee trinke ich nicht.	Sandwich ⟷ Tee
Einen Fernseher hat Katrin nicht, aber	einen Computer (hat sie).	Fernseher ⟷ Computer

Das Nomen

Zug, Kirche, Schiff sind Nomen. Nomen, Personen und Orts-/Ländernamen schreibt man groß: der Zug, Marlene Steinmann, Köln, Deutschland. Nomen haben meist einen Artikel bei sich.

Das Genus (Geschlecht)

→ L2

Nomen haben ein Genus (Geschlecht): maskulin `m`, feminin `f` oder neutrum `n`.
Der Artikel richtet sich nach dem Genus.

`m` der Zug, der Mann

`f` die Kirche, die Frau

`n` das Schiff, das Auto

Tipp Im Plural unterscheidet man nicht nach dem Genus (maskulin, feminin, neutrum).

Tipp Es gibt nur wenige Regeln für das Genus. Lernen Sie Nomen deshalb immer mit Artikel. Einzelne Regeln sind z. B.:

- Nomen auf -er → meist maskulin: der Lehrer, der Schüler, der Vater
- Nomen auf -e → meist feminin: die Adresse, die Reise, die Zitrone
- Nomen auf -ie, -ion, -ät, -ung → immer feminin: die Melodie, die Situation, die Universität, die Zeitung
- Nomen auf -in → immer feminin: die Ärztin, die Kellnerin, die Lehrerin
- Nomen auf -um → immer neutral: das Museum, das Studium
- Wochentage → maskulin: der Montag, der Dienstag

Grammatik
144

Nomen verwendet man im Singular und im Plural.

Singular	Plural
das Schiff	die Schiffe
die Stadt	die Städte
die Kirche	die Kirchen
die Lektion	die Lektionen
das Kind	die Kinder
das Haus	die Häuser
das Auto	die Autos
der Lastwagen	die Lastwagen

Tipp Es gibt verschiedene Plural-Endungen: *-e, -(e)n, -er, -s, –*. Aus *a, o, u* wird im Plural meist *ä, ö, ü*. Lernen Sie die Nomen immer mit Artikel und Pluralform.

Einige Nomen haben keinen Plural, z. B. der Zucker, der Tee, der Kaffee, der Wein, die Milch, die Butter, das Obst, das Gemüse, das Fleisch usw.

Einige Nomen haben keinen Singular, z. B. die Leute, die Eltern, die Lebensmittel usw.

Artikel und Artikelwörter

Im Deutschen verwendet man Nomen meist mit Artikel: der Berg, eine Fabrik, kein Hotel, meine Großeltern. Es gibt verschiedene Artikel, z. B. den bestimmten (*der*), den unbestimmten (*ein*), den negativen Artikel (*kein*) und den Possessivartikel (*mein*).

Artikel	**Nominativ** m	f	n	Pl
bestimmt	der Text	die Seite	das Buch	die Fragen
unbestimmt	ein Text	eine Seite	ein Buch	– Fragen
negativ	kein Text	keine Seite	kein Buch	keine Fragen
Possessivart.	mein Text	meine Seite	mein Buch	meine Fragen

Artikel	**Akkusativ** m	f	n	Pl
bestimmt	den Text	die Seite	das Buch	die Fragen
unbestimmt	einen Text	eine Seite	ein Buch	– Fragen
negativ	keinen Text	keine Seite	kein Buch	keine Fragen
Possessivart.	meinen Text	meine Seite	mein Buch	meine Fragen

Tipp Im Plural unterscheidet man nicht nach dem Genus (maskulin, feminin, neutrum).

Artikel und Artikelwörter zeigen an: Ein Nomen steht im **Nominativ**, **Akkusativ** oder **Dativ**.

Nomen im Akkusativ können Objekte sein:

Nominativ (Subjekt)		**Akkusativ(-Objekt)**
Der Mann	bestellt	ein Stück Kuchen.
Er	isst	den Kuchen und trinkt einen Kaffee.

Nomen im Dativ und Akkusativ können auch **von einer Präposition abhängen**:

Wir gehen jetzt in den Speisesaal.	**Präposition mit Nomen im Akkusativ**
Auf dem Tisch steht ein Glas mit Blumen.	**Präposition mit Nomen im Dativ**

Artikel und Artikelwörter zeigen auch an:

- Etwas ist neu im Text oder in der Situation: *ein, eine, ein* **(unbestimmter Artikel)**.
  Timo sagt: „Ich beobachte einen Mann."
  Manchmal ist *ein, eine, ein* auch eine Zahl: „Ich habe einen Bruder." (= nicht zwei)
- Etwas ist bekannt (es ist im Text schon vorgekommen oder es ist allgemein bekannt):
  der, die, das **(bestimmter Artikel)**.
  „Ich beobachte einen Mann." – „Da ist der Mann!"
  Der Münsterplatz ist in Freiburg.
- Etwas ist negiert: *kein, keine, kein* **(negativer Artikel)**.
  „Hier gibt es keinen Münsterplatz!"
- Besitz oder enge Beziehung: *mein, meine, mein* **(Possessivartikel)**.
  Meine Tochter heißt Amelie.

1 Der unbestimmte und der bestimmte Artikel → L2, 7

Hier verwendet man den Artikel:

Das ist ein Hafen. Der Hafen ist in Norddeutschland.
Ich habe eine Schwester, Tina zwei.
Familie Raptis hat zwei Kinder. Der Sohn heißt Jakob, die Tochter Lena.

Hier verwendet man keinen Artikel:

Namen: Das ist Frau Mainka. Ihre Kinder heißen Beate und Stefan.
unbestimmte Mengenangaben: Frau Egli kauft Obst, Butter und Zucker. Sie isst gern Obstkuchen.
Berufe: Das ist Kostas Raptis, er ist Arzt. Seine Frau ist Lehrerin.
Städte- und Ländernamen: ▶ Wohnen Sie in Deutschland? ◁ Ja, in Frankfurt.

Tipp Einige Länder haben einen Artikel, z. B. die Schweiz. Urs kommt aus der Schweiz.
In der Schweiz gibt es viele Berge. Ich fahre gern in die Schweiz.

Der **bestimmte Artikel** hat immer die Signalendungen.

bestimmt	m	f	n	Pl
Nominativ	der Hut	die Brille	das Haus	die Hüte, Brillen, Häuser
Akkusativ	den Hut	die Brille	das Haus	die Hüte, Brillen, Häuser
Dativ	dem Hut	der Brille	dem Haus	den Hüten, Brillen, Häusern

Die Endungen des **bestimmten Artikels** sind wichtige Signale für Kasus (Fall) und Genus (Geschlecht).

	m	f	n	Pl
Nominativ	r	e	s	e
Akkusativ	n	e	s	e
Dativ	m	r	m	n

Tipp Merken Sie sich diese Signalendungen gut. Sie kommen auch bei anderen Wörtern (Artikel, Adjektive ...) vor.

Der **unbestimmte Artikel** hat manchmal keine Signalendungen (im Nominativ maskulin und neutrum und im Akkusativ neutrum).

unbestimmt	m	f	n	Pl
Nominativ	ein Hut	eine Brille	ein Haus	– Hüte, Brillen, Häuser
Akkusativ	einen Hut	eine Brille	ein Haus	– Hüte, Brillen, Häuser
Dativ	einem Hut	einer Brille	einem Haus	– Hüten, Brillen, Häusern

Tipp Es gibt keine Pluralform für *ein, eine, ein*:
Da vorn steht ein Haus! → Plural: Da vorn stehen Häuser!

2 Der negative Artikel

→ L2, 4, 7

Der negative Artikel *kein* hat im Singular dieselben Endungen wie der unbestimmte Artikel (*ein, eine, ein*). *kein* verneint das Nomen.

▶ Ist das eine Schule? ◁ Nein, das ist keine Schule.
▶ Hast du einen Hund? ◁ Nein, ich habe keinen Hund. Ich habe eine Katze.

	m	f	n	Pl
Nominativ	kein Hut	keine Brille	kein Haus	keine Hüte, Brillen, Häuser
Akkusativ	keinen Hut	keine Brille	kein Haus	keine Hüte, Brillen, Häuser
Dativ	keinem Hut	keiner Brille	keinem Haus	keinen Hüten, Brillen, Häusern

Der Possessivartikel drückt Besitz und Zugehörigkeit aus.

das Haus von Martin → sein Haus   das Haus von Tanja → ihr Haus

Diese Possessivartikel gibt es:

ich	mein	Das ist mein Hund.
du	dein	Ist das dein Heft?
er	sein	Wo ist Herr Mainka? Und wo ist sein Bus?
sie	ihr	Da ist Frau Solling-Raptis. Das ist ihr Buch.
es	sein	Das Kind isst sein Eis.
wir	unser	Unser Haus ist alt.
ihr	euer	Beate und Stefan, ist das euer Lehrer?
sie	ihr	Lena und Jakob machen jetzt ihre Hausaufgaben.
Sie	Ihr	Guten Tag, Herr Bauer! Eine Frage: Ist das Ihr Auto?
		Guten Tag, Herr und Frau Müller! Eine Frage: Ist das Ihr Auto?

Die Endungen sind wie bei *ein* und *kein.*

		m	f	n	Pl
mein, dein,	Nom.	mein Hund	meine Familie	mein Lied	meine Eltern
sein • ihr •	Akk.	meinen Hund	meine Familie	mein Lied	meine Eltern
sein	Dat.	meinem Hut	meiner Brille	meinem Haus	meinen Hüten, …
unser	Nom.	unser Hund	unsere Familie	unser Lied	unsere Eltern
	Akk.	unseren Hund	unsere Familie	unser Lied	unsere Eltern
	Dat.	unserem Hut	unserer Brille	unserem Haus	unseren Hüten, …
euer	Nom.	euer Hund	eure Familie	euer Lied	eure Eltern
	Akk.	euren Hund	eure Familie	euer Lied	eure Eltern
	Dat.	eurem Hut	eurer Brille	eurem Haus	euren Hüten, …
ihr • Ihr	Nom.	ihr Hund	ihre Familie	ihr Lied	ihre Eltern
	Akk.	ihren Hund	ihre Familie	ihr Lied	ihre Eltern
	Dat.	ihrem Hut	ihrer Brille	ihrem Haus	ihren Hüten, …

Tipp Statt *unsere, unseren* hört man auch *unsre, unsren.*

4 welch-

→ L8

welch- ist ein Fragewort. Es steht zusammen mit dem Nomen auf **Position 1**.
welch- bedeutet: Auswahl aus einer Menge.

Position 1		Mögliche Antwort
Welcher Tag	ist heute?	Dienstag.
Welches Zimmer	möchten Sie lieber? Das Einzelzimmer oder das Doppelzimmer?	Das Einzelzimmer bitte.

welch- hat immer die Signalendungen (wie der bestimmte Artikel der, die, das):

	m	f	n	Pl
Nominativ	welcher Hut	welche Brille	welches Haus	welche Häuser
Akkusativ	welchen Hut	welche Brille	welches Haus	welche Häuser
Dativ	welchem Hut	welcher Brille	welchem Haus	welchen Häusern

Pronomen und W-Wörter

1 Die Pronomen *ich, du, er • sie • es, wir, ihr, sie / Sie*

→ L1, 5, 9

Die Pronomen nennen Sprecher und Hörer oder ersetzen Namen und bekannte Nomen.

ich, wir: Sprecher
du, ihr, Sie: Hörer
er, sie, es, sie: über diese Personen und Dinge spricht man

 Tipp Im Deutschen kann man die Pronomen nicht weglassen.
Kommst du heute? Wir spielen Karten. Philipp kommt auch. Er hat heute Zeit.

	Singular					Plural			
Nominativ	ich	du	er	sie	es	wir	ihr	sie	Sie
Akkusativ	mich	dich	ihn	sie	es	uns	euch	sie	Sie
Dativ	mir	dir	ihm	ihr	ihm	uns	euch	ihnen	Ihnen

 Tipp es kann sich auch auf eine ganze Aussage beziehen:
„Wann kommt der Zug an?" – „Ich weiß es nicht."

- Bezug auf Nomen:

Das ist Martin Miller.   Er ist Journalist.   Kennen Sie ihn?

Das ist Andrea, meine Frau. Sie ist Deutschlehrerin.   Ich liebe sie.

Das ist das Münster.   Es ist sehr schön.   Timo fotografiert es.

- „Kommunikations"-Pronomen:

du-Situation	*Sie*-Situation
Kostas: Andrea, ohne dich ist das Leben nicht schön!	Chef: Herr Bauer, Sie arbeiten sehr gut! Ich möchte Sie und Ihre Frau gern einladen und für Sie kochen. Es gibt Fisch und Gemüse.
Andrea: Ja, ja. Wo sind die Kinder jetzt? Lena, Jakob, wo seid ihr, ich sehe euch nicht!	Herr Bauer: Oh, vielen Dank. Ich frage meine Frau.
Kostas: Wann haben wir mal wieder einen Abend nur für uns? Was meinst du?	Chef: Sehr gut, fragen Sie sie bald.
Andrea: Einen Abend nur für uns? Ohne die Kinder? Was machen wir ohne sie?	

Wann verwendet man *du / ihr* …?
- in der Familie
- mit Kindern (bis ca. 15)
- mit Freunden
- manchmal mit Kollegen

Wann verwendet man *Sie* …?
- mit fremden Erwachsenen
- in formellen Situationen: Arbeit, Einkaufen, Behörden, Polizei …
- wenn man nicht sicher ist: *Sie* oder *du*?

Tipp *Sie* kann Singular oder Plural sein.

2 Das Pronomen *man* → L4

man ist ein unbestimmtes Pronomen: Es gibt keine konkrete Person oder man spricht für alle Leute.

Sagt man auf Deutsch auch „Souvenir?"
Heute kann man den Fernsehturm gut sehen!
Früher hatte man mehr Zeit.

Tipp Bei konkreten Personen verwendet man *er, sie, es*: Pablo lernt Deutsch. Er braucht ein Wörterbuch.

3 W-Wörter

→ L1, 4, 5

W-Wörter sind Fragewörter. Man fragt nach bestimmten Informationen (vgl. auch S. 133/134, Fragesätze), z. B. *wie*, *wann*, *wo*, *woher*, *wohin* usw. Nach Personen oder Sachen fragt man unterschiedlich.

	Person	**keine Person, Sache**
Nominativ	Wer ist das? – Kostas Raptis.	Was ist das? – Ein W-Wort.
Akkusativ	Wen siehst du? – Lutz. Ohne wen möchtest du nicht leben? – Ohne meine Familie. Für wen kochst du? – Für meine Frau.	Was isst du? – Eine Suppe. Ohne was möchtest du nicht leben? – Ohne meine Musik. Wofür braucht Martin das Geld? – Für einen Computer.

Tipp Kombination W-Wort + Präposition: Bei der Frage nach Sachen kann es besondere W-Wörter geben: Wofür arbeiten Kostas und Andrea? – Für ihr Haus.

Präpositionen

Präpositionen kombiniert man mit Nomen. Sie stehen vor dem Nomen. Das Nomen hat dann einen bestimmten Kasus; meistens steht es im Akkusativ oder im Dativ.

1 Orts- oder Richtungsangaben

→ L1, 5, 8, 9

Woher? ? ⟶ aus	Wo? (?) in	Wohin? ⟶ ? nach
Herr Hansen kommt aus Frankfurt.	Er wohnt in Frankfurt.	Er fährt nach Leipzig.
Herr Becker kommt aus Deutschland.	Thomas und Anna wohnen in Deutschland.	Herr Schapiro fährt nach Deutschland.

Länder mit Artikel:

Herr Egli kommt aus der Schweiz.	Beat und Regula leben in der Schweiz.	Marlene Steinmann fährt in die Schweiz.

von ... nach

Wohin?

Der Eurocity fährt von Norden nach Süden.
Von Rostock fahren viele Schiffe nach Russland.

Es gibt zwei Gruppen von Präpositionen.
① Präpositionen mit einem **festen Kasus** und ② Präpositionen mit Akkusativ **oder** Dativ.

① *aus, bei, von, zu*: immer mit dem **Dativ**:

Herr Eberle arbeitet bei einem Pharmakonzern.
Frau Bürgi kommt vom Sport.
Aus welchem Land kommen Sie?
Am Sonntag fahre ich immer zu meinen Eltern.

Tipp Meistens sagt man

beim	statt	bei dem	Ausnahme: Man zeigt auf etwas Bestimmtes: „Gehen
vom	statt	von dem	wir jetzt zu dem Laden?" (= nicht zu einem anderen
zum / zur	statt	zu dem / zu der	Laden). Der Artikel ist dann betont.

② *an, auf, in* mit Akkusativ **oder** Dativ:

an + Akkusativ
Wohin?   Sonya geht an die Bushaltestelle.

an + Dativ
Wo?   Sie wartet an der Haltestelle.

auf + Akkusativ
Wohin?   Martin Miller steigt auf den Kirchturm.

auf + Dativ
Wo?   Er steht auf dem Kirchturm.

in + Akkusativ
Wohin?   Lena und Jakob gehen in den Kindergarten.

in + Dativ
Wo?   Sie spielen im Kindergarten.

Wohin? ──────⟶ **?**	**Wo?** **?**
(Bewegung von A nach B) **mit Akkusativ:**	(etwas ist oder passiert an einem Ort A) **mit Dativ:**
Sonya … geht an die Bushaltestelle. steigt auf den Kirchturm. geht in die Fahrschule.	Sonya … steht jetzt an der Bushaltestelle. ist auf dem Kirchturm. ist in der Fahrschule.

Tipp Meistens sagt man

am, ans	statt	an dem, an das	Ausnahme: Man zeigt auf etwas Bestimmtes:
im	statt	in dem, in das	„Warst du in dem Laden?" (= nicht in einem anderen Laden). Der Artikel ist dann betont.

Tipp Man hört auch öfters diese Formen (in der gesprochenen Sprache):
aufs (= auf das), aufn (= auf den), aufm (= auf dem)

Wechselpräpositionen: Wohin (Akk) Wo (Dat.)

		hinter	▯	
		über	o	neben
				o o
		unter	o	
		vor	o	

an
Das Bild hängt an der Wand.
Abends stehe ich oft am Fenster.
Morgen gehen wir wieder an den Strand / ans Meer.

zwischen o

auf
Das Glas steht auf dem Tisch.
Steigen wir auf den Berg?
Spiel bitte nicht auf der Straße!
Gestern sind wir auf die Insel Rügen gefahren.

in

o

aus	Kommen Sie aus Berlin? – Nein, aus Hamburg.	**Herkunft (Land, Stadt)**	
	Komm bitte aus dem Zimmer!	**Gegenteil von *in***	
	Kaffee trinkt man aus der Tasse.		
bei	Bleib bitte bei mir!	**Personen**	
	Er arbeitet bei einem Pharmakonzern.	**Arbeitsplatz**	
	Die Kirche ist bei der Bank.	**in der Nähe**	
in	Die Familie wohnt im Hotel. *Ich liege in der Sonne.*		◎
	Ich bin gerade im Speisesaal. *" " im Schatten.*		
	Wir fahren morgen in die Schweiz / in die USA …	**Länder und Orte mit**	
	Sie geht in die Schule / in das Haus …	**Artikel; Gebäude; *Gebirge***	
nach	Jeden Abend fährt Herr Eberle nach Deutschland.	**Länder und Orte**	
	Wir fahren bald nach Berlin!	***ohne* Artikel**	

> **Tipp** Die Präposition *nach* verwendet man meistens ohne Artikel: Ich fahre nach
> Dortmund. Geht ihr schon nach Hause? *Aber: Wir sind zu Hause.*

von	Frau Bürgi kommt gerade von der Arbeit.	**weg von etwas**	
	Das Buch ist von einem Kollegen.	**Zugehörigkeit**	
zu	Sebastian fährt zu seiner Großmutter.	**Ziel: Personen,**	
	Ich muss noch schnell zur Post gehen.	**Institutionen, Plätze**	
	Dieser Bus fährt zum Hauptmarkt.		

Und: Wir gehen zu Fuß.

auch: auf die Post, ... Markt

2 Zeitangaben

→ L3, 6

am
Wann?
Am Dienstag kommt Herr Wunderlich.
Sehen wir uns am Sonntag um zehn Uhr?

Tag

um
Wann?
Das Casting fängt um zehn Uhr an.
Familie Troll ist um Viertel nach eins dran.

Zeitpunkt

> **Tipp** Bei Jahreszahlen steht keine Präposition: Ich bin 1970 geboren.
> 1989 habe ich Abitur gemacht.

seit

Seit wann?

Seit zwanzig Minuten warte ich, und der Bus kommt nicht.

Wir haben uns seit 1990 nicht gesehen.

Dauer

Tipp

jetzt

seit | ab

ab

Ab wann?

Ab 19.30 Uhr: Feiern mit Essen, Trinken und Musik.

Dauer

(von …) bis

(Von wann)
bis wann?

Bis 1995 hat Steffi Sport studiert.

Von zehn Uhr bis zehn Uhr dreißig ist Frau Mainka dran.

Von 1976 bis 1980 ist Kevin in die Thomas-Schule gegangen.

Zeitraum

3 Andere Präpositionen

→ L5, 7

für + Akkusativ

Für wen? (Personen)

Wofür? (Sachen)

Kostas arbeitet für seine Familie.

Er braucht das Geld für das Haus.

Tipp Statt *für das* hört man auch *fürs*.

ohne + Akkusativ

Ohne wen? (Personen)

Ohne was? (Sachen)

Frau König macht keinen Urlaub ohne ihre Freundinnen.

Martin Miller kann nicht ohne Computer arbeiten.

mit + Dativ

Mit wem? (Personen)

Womit? (Sachen)

Ich fahre mit meiner Mutter nach Berlin.

Frau Koller geht nur mit ihrem Handy aus dem Haus.

Adverbien

Adverbien geben Zusatzinformationen. Sie haben keine Endungen.

Ortsangaben: Wo passiert etwas? hier, dort, rechts …

Zeitangaben: Wann passiert etwas? heute, jetzt, abends …

Häufigkeitsangaben: Wie oft passiert etwas? immer, oft, manchmal, selten, nie

Andere Adverbien: vielleicht, leider, gern(e), sofort …

Adverbien stehen auf **Position 1 oder** in der **Satzmitte**.

Position 1	Verb	Satzmitte	Satzende
Morgen	fährt	Martin Miller nach Leipzig.	
Tina	geht	gern	ins Kino.
Wir	möchten	sofort nach Hause	gehen.

Satzklammer

Die Negation (Verneinung)

nicht *und* kein

→ L1, 2

nicht verneint Sätze und Satzteile. *kein* verneint nur das Nomen.

nicht	kein
Das Rathaus ist nicht alt.	Das ist kein Rathaus.
Ich sehe die Kinder nicht.	Martin Miller hat keine Kinder.
▶ Ich fahre in die Stadt, kommst du mit?	▶ Trinken Sie noch einen Kaffee?
◁ Nein danke, ich fahre nicht mit, das ist so anstrengend.	◁ Nein danke, ich möchte keinen Kaffee mehr, ich bin schon ganz nervös!

Das sagt und hört man oft:
- ▶ Ich gehe ins Kino. Kommst du mit? ◁ Nein, ich habe keine Lust.
- ▶ Trinken wir einen Kaffee? ◁ Nein, ich habe keine Zeit.
- ▶ Gehen wir in ein Restaurant? ◁ Nein, ich habe kein Geld.

Weitere Verneinungen

→ L3, 5

nie: Ich gehe nie ins Kino, aber ich sehe gern fern.

nichts: Ohne meinen Kaffee geht nichts!

nicht mehr: Sie wohnen nicht mehr in Leipzig.

kein ... mehr: Ich möchte keinen Kaffee mehr.

doch *und* nein

→ L5

Auf positive Fragen antwortet man mit *ja* oder *nein*. Auf negative Fragen antwortet man mit *nein* oder *doch*.

▶ Haben Sie den Fischmarkt nicht gesehen?

◁ Doch, ich habe ihn gestern gesehen.   ◁ Nein, ich hatte gestern keine Zeit.

▶ Haben Sie kein Auto?

◁ Doch, natürlich!   ◁ Nein, ich fahre immer Zug!

Komparation und Vergleiche

1 Komparation

→ L9

Adjektive haben eine Grundform, einen Komparativ und einen Superlativ.

Grundform	Komparativ	Superlativ
schön	schöner	am schönsten
schnell	schneller	am schnellsten
praktisch	praktischer	am praktischsten

Kleine Besonderheiten:

Kein -e- im Komparativ	-esten im Superlativ bei Adjektiven auf -t, -d, -s, -ß, -sch, -x, -z		
teuer teurer am teuersten	schlecht	schlechter	am schlechtesten
dunkel dunkler am dunkelsten	heiß	heißer	am heißesten
	hübsch	hübscher	am hübschesten

Oft: a, o, u → ä, ö, ü

lang	länger	am längsten	hoch	höher	am höchsten
alt	älter	am ältesten	nah	näher	am nächsten
kurz	kürzer	am kürzesten	groß	größer	am größten

Unregelmäßige Formen:

gut	besser	am besten
viel	mehr	am meisten
gern	lieber	am liebsten

2 Vergleiche

→ L9

Zwei Sachen, Personen oder Handlungen sind gleich. Dann verwendet man
so + Grundform + *wie* ...

Mit dem Zug bin ich	so schnell wie	mit dem Flugzeug.
Meine Tochter ist jetzt	so groß wie	ihre Freundin.
Er kocht	so gut wie	seine Frau.

> **Tipp** Statt *so* kann man auch ***genauso*** sagen:
> Mein Haus ist genauso schön wie deine Wohnung.

Man kann die Gleichheit auch negieren:
Die Straßenbahn ist   nicht so schnell wie   die U-Bahn.

Eine Sache, Person oder Handlung ist in einem Aspekt anders als die andere Sache oder Person. Dann verwendet man **Komparativ + *als***:

Mit dem Flugzeug bin ich	schneller als	mit dem Zug.
Meine Tochter ist	kleiner als	ihre Freundin.
Hier kann ich	besser arbeiten als	zu Hause.

> **Tipp** *wie* + Nomen / Adverb etc. und *als* + Nomen / Adverb stehen
> nach der Satzklammer:

Früher   ist   man nicht so viel   gereist   wie heute.

Satzklammer

Eine Sache, Person oder Handlung ist in einem Aspekt größer / kleiner / schneller ... als alle anderen. Dann verwendet man ***am* + Superlativ**.

Mit dem Auto bin ich am schnellsten bei der Arbeit.

Alphabetische Liste der wichtigsten Verben mit Unregelmäßigkeiten

Infinitiv	3. P. Sing. Präsens	3. P. Sing. Perfekt
abfahren	fährt ab	ist abgefahren
abgeben	gibt ab	hat abgegeben
anbieten	bietet an	hat angeboten
anfangen	fängt an	hat angefangen
ankommen	kommt an	ist angekommen
ankreuzen	kreuzt an	
aufschreiben	schreibt auf	hat aufgeschrieben
aufstehen	steht auf	ist aufgestanden
ausfüllen	füllt aus	
ausgehen	geht aus	ist ausgegangen
aussprechen	spricht aus	hat ausgesprochen
backen	backt	hat gebacken
bedeuten	bedeutet	
beginnen	beginnt	hat begonnen
bekommen	bekommt	hat bekommen
beobachten	beobachtet	
beschreiben	beschreibt	hat beschrieben
besichtigen	besichtigt	
bestehen	besteht	hat bestanden
bestellen	bestellt	
besuchen	besucht	
betonen	betont	
betragen	beträgt	hat betragen
bezahlen	bezahlt	
bleiben	bleibt	ist geblieben
braten	brät	hat gebraten
bringen	bringt	hat gebracht
buchstabieren	buchstabiert	hat buchstabiert
demonstrieren	demonstriert	hat demonstriert
denken	denkt	hat gedacht
dürfen	darf	
einkaufen	kauft ein	
einladen	lädt ein	
eintragen	trägt ein	hat eingetragen
empfangen	empfängt	hat empfangen
entscheiden	entscheidet	hat entschieden
ergänzen	ergänzt	
erklären	erklärt	
erzählen	erzählt	
essen	isst	hat gegessen
fahren	fährt	ist gefahren
fernsehen	sieht fern	hat ferngesehen

Infinitiv	3. P. Sing. Präsens	3. P. Sing. Perfekt
finden	findet	hat gefunden
fliegen	fliegt	ist geflogen
fotografieren	fotografiert	hat fotografiert
geben	(es) gibt	(es) hat gegeben
gefallen	gefällt	hat gefallen
gehen	geht	ist gegangen
gelten	gilt	hat gegolten
haben	hat	hat gehabt
heißen	heißt	hat geheißen
helfen	hilft	hat geholfen
kennen	kennt	hat gekannt
kombinieren	kombiniert	hat kombiniert
kommen	kommt	ist gekommen
komponieren	komponiert	hat komponiert
können	kann	
lassen	lässt	hat gelassen
laufen	läuft	ist gelaufen
lesen	liest	hat gelesen
liegen	liegt	hat* gelegen
markieren	markiert	hat markiert
mitbringen	bringt mit	hat mitgebracht
mitkommen	kommt mit	ist mitgekommen
mitmachen	macht mit	
mitsingen	singt mit	
mitspielen	spielt mit	
müssen	muss	
nachsprechen	spricht nach	
nehmen	nimmt	hat genommen
nummerieren	nummeriert	hat nummeriert
organisieren	organisiert	hat organisiert
passieren	passiert	ist passiert
riechen	riecht	hat gerochen
salzen	salzt	hat gesalzen
scheinen	scheint	hat geschienen
schlafen	schläft	hat geschlafen
schließen	schließt	hat geschlossen
schneiden	schneidet	hat geschnitten
schreiben	schreibt	hat geschrieben
schwimmen	schwimmt	ist geschwommen
sehen	sieht	hat gesehen
sein	ist	ist gewesen
singen	singt	hat gesungen
sitzen	sitzt	hat* gesessen
sortieren	sortiert	hat sortiert

* in Süddeutschland, Österreich und der Schweiz auch: ist gelegen, ist gesessen.

Infinitiv	3. P. Sing. Präsens	3. P. Sing. Perfekt
spazieren gehen	geht spazieren	ist spazieren gegangen
sprechen	spricht	hat gesprochen
stattfinden	findet statt	hat stattgefunden
stehen	steht	hat* gestanden
steigen	steigt	ist gestiegen
sterben	stirbt	ist gestorben
studieren	studiert	hat studiert
tragen	trägt	hat getragen
treffen	trifft	hat getroffen
trinken	trinkt	hat getrunken
tun	tut	hat getan
umsteigen	steigt um	ist umgestiegen
umziehen	zieht um	ist umgezogen
verbinden	verbindet	hat verbunden
verbringen	verbringt	hat verbracht
vergessen	vergisst	hat vergessen
vergleichen	vergleicht	hat verglichen
verkaufen	verkauft	
verlieren	verliert	hat verloren
verstehen	versteht	hat verstanden
vorbereiten	bereitet vor	
vorlesen	liest vor	
waschen	wäscht	hat gewaschen
werden	wird	ist geworden
wiederholen	wiederholt	
wissen	weiß	hat gewusst
wollen	will	
zuordnen	ordnet zu	
zurückgehen	geht zurück	ist zurückgegangen
zurückkommen	kommt zurück	
zurückliegen	liegt zurück	
zusammenpassen	passt zusammen	

* in Süddeutschland, Österreich und der Schweiz auch: ist gestanden.

Alphabetische Wortliste

Die folgende Wortliste enthält den Wortschatz der Texte, Dialoge und Aufgaben der Kursbuch-Lektionen 1 bis 10.

— Nicht aufgenommen wurden Artikelwörter, Zahlwörter, grammatische und phonetische Fachbegriffe sowie Eigennamen von Personen und Städten.
— Nomen erscheinen mit ihrem Artikel und der Pluralform. Nomen, die nur im Singular oder Plural verwendet werden, sind entsprechend mit (nur Sing.) oder (nur Pl.) gekennzeichnet.
— Verben erscheinen nur im Infinitiv. Eine Liste der wichtigsten Verben mit Unregelmäßigkeiten finden Sie auf den Seiten 157–159.
— Zur Erleichterung des Auffindens im Text sind hinter jedem Eintrag nicht nur Lektion und Seite, sondern auch die jeweilige Text- oder Aufgabennummer angegeben; zum Beispiel bedeutet „alt L2, 23/1a", dass das Wort „alt" zum ersten Mal in Lektion 2, auf Seite 23 und dort in der Aufgabe 1a erscheint.
— Wörter, die auf der Liste zum *Zertifikat Deutsch* stehen, sind mit • markiert. Sie sind besonders wichtig für Sie.

A

Aal, der, -e   L5, 66/1
Aalsuppe, die, -n   L5, 60/1
• ab   L9, 116/1D
abbauen   L10, 120/1a
• Abend, der, -e   L1, 10/2
Abendessen, das, -   L5, 62/1b
• abends   L5, 62/1a
• aber   L1, 16/5
• abfahren   L7, 84/1a
• abgeben   L10, 125/4
• Abitur (Abi), das (nur Sing.)   L6, 70
• Abitur machen   L6, 72/1a
Abkürzung, die, -en   L10, 124/1b
• Abschnitt, der, -e   L9, 107/3b
• Abteilung, die, -en   L9, 114/1a
• ach   L10, 122/2a
• Adresse, die, -n   L1, 18/1
Afrika   L1, 12/1
Akkordeon, das, -s   L9, 108
• aktiv   L5, 64/1a
Akzent, der, -e   L2, 25/8
alle   L2, 28/1
• allein   L5, 63/7
alles   L2, 28/1
alles klar   L1, 18/1
Alpen, die (nur Pl.)   L2, 23/1a
• Alphabet, das, -e   L1, 12/3
• als (Schneiderin)   L8, 100/1a
• als (Vergleich)   L9, 108/1a
• also   L1, 18/1
• alt   L2, 23/1a
• Alter, das (nur Sing.)   L3, 35/3

Altstadt, die, -städte   L2, 27/5
• am (= an dem)   L8, 96/2
• am + Tageszeit   L10, 125/5a
• am Montag   L3, 38/1
• am Stadtrand   L2, 28/1
Amerika   L1, 12/1
• Ampel, die, -n   L8, 98/6b
• an   L7, 88
• an + Dat.   L8, 96/2
• anbieten   L10, 120/1b
• ander-   L8, 98/6a
• anders   L9, 111/4
• Anfang, der, Anfänge   L8, 100/1a
• anfangen   L3, 40/1a
• Angebot, das, -e   L9, 108/1a
• Angestellte, der/die, -n   L10, 119/1
• Angst, die, Ängste   L6, 72/1a
• ankommen   L7, 84/1a
ankreuzen   L5, 63/6
• Anmeldung, die, -en   L9, 116/1E
anprobieren   L8, 101/2
anstrengend   L5, 62/1a
• Antwort, die, -en   L1, 11/3b
• antworten   L1, 16/3
• Anzeige, die, -n   L10, 124/1
• Apfel, der, Äpfel   L10, 124/1
Apfelkuchen, der, -   L6, 72/1a
Apfelsaft, der (nur Sing.)   L4, 52/1
Appartement, das, -s   L10, 118/1
• Arbeit, die (hier nur Sing.)   L5, 63/6
• arbeiten   L1, 15/1b
Arbeiter, der, -   L10, 126/1a
Arbeitsamt, das, -ämter   L8, 99/9a

Arbeitsgruppe, die, -n   L8, 104/1a
arbeitslos   L6, 78/2b
Arbeitsplatz, der, -plätze   L9, 112/1b
Arbeitstag, der, -e   L9, 116/1A
Arbeitszeit, die, -en   L9, 110/1a
Argentinien   L1, 12/3a
Argument, das, -e   L9, 108/1a
• arm   L7, 92/1a
Artikel (Lexikon), der, -   L7, 92/1a
• Artikel (Zeitung), der, -   L8, 104/1a
• Arzt, der, Ärzte   L5, 58/1
• Ärztin, die, -nen   L5, 59/3
Asien   L1, 12/1
Assistentin, die, -nen   L3, 40/1a
Atelier, das, -s   L8, 95/2a
• auch   L1, 12/1
• auf + Akk.   L5, 60/1
• auf + Dat.   L8, 96/2
• auf dem Land   L9, 108/1a
• auf Deutsch   L4, 56/1
• Auf Wiedersehen!   L1, 10/2
• Aufgabe, die, -n   L2, 32/2
• aufmachen   L7, 84/1a
• aufräumen   L7, 83/2
• aufschreiben   L7, 90/1
• aufstehen   L7, 84/1a
• Aufzug, der, Aufzüge   L10, 128/1b
• August, der (nur Sing.)   L9, 116/1B
• aus   L1, 11/3b
• aus + Dat.   L9, 112/2a
aus aller Welt   L6, 77/1B
• Ausbildung, die, -en   L10, 126/1a
• ausfüllen   L3, 39/1
• ausgehen   L8, 103/4
• ausgehen (Licht)   L9, 116/1A
• außerdem   L10, 120/1b
• aussprechen   L4, 56/1
Austausch, der (nur Sing.)   L10, 119/1
Australien   L1, 12/1
auswechseln   L7, 84/1a
• Auszubildende, der/die, -n   L10, 126/1a
• Auto, das, -s   L1, 13/6
• Auto fahren   L3, 38/2
• Autobahn, die, -en   L2, 22/1a

B

• backen   L8, 102/1
Bäcker, der, -   L8, 102/1
• Bäckerei, die, -en   L4, 54/2b
• Bad, das, Bäder   L7, 82/1
• Bahn, die, -en   L9, 111/5a
• Bahnhof, der, -höfe   L2, 22/1a

• bald   L1, 18/1
• Balkon, der, -s/e   L10, 118/1
Banane, die, -n   L1, 13/6
Bananeneis, das (nur Sing.)   L2, 27/5
Band, die, -s   L6, 78/2b
• Bank, die, Bänke   L8, 96/2
• Bank, die, -en   L2, 29/4
Bankangestellte, der/die, -n   L10, 119/1
• Bar, die, -s   L7, 82/1
Basler (Adj.)   L9, 116
Bayern   L2, 23/1a
• bedeuten   L6, 77/1
Beförderung, die, -en   L10, 125/5a
befreundet   L9, 114/1a
• beginnen   L6, 77/1
Behindertenzentrum, das, -zentren   L8, 98/6a
• bei   L7, 86/3
• bei + Dat.   L9, 112/2a
• beim   L7, 92/1a
• Beispiel, das, -e   L1, 14/3a
Bekleidung, die (nur Sing.)   L8, 101/4
• bekommen   L9, 116/1B
Belgien   L1, 12/3a
• beliebt   L9, 116/1B
benannt sein   L7, 92/1a
• beobachten   L4, 48/1a
• bequem   L9, 110/1a
• Berg, der, -e   L2, 23/1a
Bergmann, der, -leute   L10, 119/2
Bergwerk, das, -e   L10, 120/1b
• Beruf, der, -e   L3, 35/2
Berufsleben, das (nur Sing.)   L9, 116/1C
• berühmt   L8, 95/2a
• beschreiben   L8, 96/1
• besichtigen   L5, 60/1
Besitzer, der, -   L7, 83/2
Besitzerin, die, -nen   L7, 83/2
• besonders   L8, 95/2a
• besser → gut   L9, 108/1a
• beste → gut   L9, 110/1a
Beste, das (nur Sing.)   L10, 122/2a
• bestehen aus   L9, 107/3a
• bestellen   L4, 52/2
Bestellung, die, -en   L4, 52/2
• bestimmen   L10, 122/2a
• besuchen   L5, 62/1a
Besucher, der, -   L6, 77/1
Besucherin, die, -nen   L6, 77/1
• beten   L6, 77/1
betonen   L4, 50/6b
• betragen   L7, 86/1b
• Bett, das, -en   L5, 62/1a

das Bett machen, Betten machen   L7, 84/1a
- Bewegung, die, -en   L6, 75/4
- bewölkt   L7, 86/1b
- bezahlen   L4, 53/5
- Bier, das, -e   L1, 13/6
- Biergarten, der, -gärten   L7, 82/1
- Bild, das, -er   L2, 22
  Bildunterschrift, die, -en   L10, 120/1a
- billig   L9, 109/4a
  Biografie, die, -n   L6, 79/3
- Birne, die, -n   L10, 125/3
- bis   L1, 18/1
- (ein) bisschen   L1, 15/1c
- bist → sein   L1, 11/3b
- bitte   L1, 10/1
- bitte schön   L4, 52/2
- bitte sehr   L7, 88/1
- Blatt Papier, das, -   L2, 32/1
- Blatt, das, Blätter   L2, 32/1
- blau   L8, 101/2
- bleiben   L6, 74/2a
- Bleistift, der, -e   L2, 32/1
- Blick, -der, -e   L7, 89/4
- bloß (Partikel)   L10, 126/1a
- Blume, die, -n   L6, 71
- Bluse, die , -n   L8, 100/1a
- braten   L5, 67/3
  Bratwurst, die, -würste   L8, 95/2a
- brauchen   L4, 51/1
- braun   L8, 101/2
  Brezel, die, -n   L7, 84/1a
- Brief, der, -e   L3, 42/1
- bringen   L4, 47/2a
- Brot, das, -e   L4, 54/2a
- Bruder, der, Brüder   L3, 42/1
  Brühe, die, -n   L5, 67/2a
  Brunnen, der, -   L6, 70
- Buch, das, Bücher   L2, 32/1
- buchen   L7, 89/4
- Buchstabe, der, -n   L9, 116/1
- buchstabieren   L1, 20/1
- Bundesamt, das, -ämter   L9, 116/1C
  Burg, die, -en   L8, 95/2a
- Büro, das, -s   L3, 35/2
- Bus, der, Busse   L2, 22/1a
  Busfahrer, der, -   L3, 41/4b
  Bushaltestelle, die, -n   L8, 96/1
- Butter, die (nur Sing.)   L4, 54/2a

C

ca. (circa/zirka)   L6, 71
- Café, das, -s   L2, 26/1
  Casting, das, -s   L3, 40/1a
- Cent, der, -/-s   L10, 125/3
  Chauffeur, der, -e   L9, 108
- Chef, der, -s   L7, 83/3
- Chemie, die (nur Sing.)   L9, 107/3a
  Chemielaborant, der, -en   L9, 112/2a
  Chiffre, die, -n   L10, 128/1b
  China   L1, 12/3a
  Chor, der, Chöre   L6, 77/1
  Choral, der, Choräle   L6, 77/1
  Collage, die, -n   L8, 94/1c
- Computer, der, -   L1, 13/6
  Computerspiel, das, -e   L3, 41/5b

D

- da   L2, 29/5
- da sein   L3, 40/1a
  Dachgeschoss, das, -e   L10, 118/1
  Dachterrasse, die, -n   L10, 128/1b
- damals   L6, 72/1a
- Dame, die, -n   L4, 52/2
  danach   L5, 60/1
  Dänemark   L1, 12/3a
- danke   L1, 18/1
- danke schön   L7, 88/1
- dann   L1, 17/7
- darauf   L9, 116/1A
- das   L1, 15/1c
- das heißt (heißen)   L9, 112/2a
- dass   L10, 126/1a
- dauern   L7, 87/4
  dazu   L5, 67/2a
  DDR, die (Deutsche Demokratische Republik)
  L6, 77/1
- dein, deine   L3, 37/7
- Dekagramm (Abk. dag), das, - (A)   L10, 124/1b
  Dekoration, die, -en   L8, 95/2a
- Demonstration, die, -en   L6, 77/1
  demonstrieren   L6, 78/2a
- denken   L9, 109/3
- denn (Partikel)   L4, 50/6a
- deshalb   L4, 51/1
  Design, das (nur Sing.)   L8, 95/2a
- deutlich   L9, 116/1C
- deutsch   L9, 115/5
  Deutsch (Sprache)   L1, 10/1
  Deutschbuch, das, -bücher   L5, 65/4
- Deutsche, der/die, -n   L9, 115/5
  Deutschkurs, der, -e   L1, 20

- Deutschland   L1, 11/4a
  Deutschlehrer, der, -   L5, 59/3
  Deutschlehrerin, die, -nen   L5, 58/1
  Deutschschweiz, die   L9, 116/1C
- Dezember, der *(nur Sing.)*   L8, 95/2a
- Deziliter *(Abk. dl)*, der, - (CH)   L10, 124/1b
  Dialog, der, -e   L1, 11/4
- Dienstag, der, -e   L3, 44/3
  Diktat, das, -e   L2, 31/C
- direkt   L9, 107/3a
- Diskussion, die, -en   L9, 108/1a
- diskutieren   L9, 108/1a
- doch *(Antwort)*   L5, 64/1a
- doch *(Partikel)*   L2, 29/4
  Dom, der, -e   L2, 30/2
- Donnerstag, der, -e   L3, 44/3
- Doppelzimmer, das, -   L7, 82/1
- Dorf, das, Dörfer   L2, 23/1a
- dort   L5, 60/1
- Dose, die, -n   L10, 124/1
  dran sein   L3, 40/1a
  Dreiländereck, das *(nur Sing.)*   L9, 106
- dritte-   L10, 118/1
  Druckbuchstabe, der, -n   L3, 39/1
- du   L1, 11/3
- dunkel, dunkler, am dunkelsten   L8, 95/2a
- dunkelblau   L8, 101/2
- durch *(örtlich)*   L7, 92/1a
- dürfen   L8, 102/2b
- Dusche, die, -n   L7, 82/1

E
- ebenfalls   L9, 112/2a
- Ecke, die, -n   L8, 98/6b
  Ecuador   L1, 12/3a
- egal   L3, 43/4
  Ehefrau, die, -en   L3, 39/1
  Ehemann, der, -männer   L3, 39/1
- Ei, das, -er   L4, 54/2a
- eigentlich   L1, 18/1
- einfach *(Adv.)*   L9, 108/1a
- einige   L8, 95/2a
- einkaufen   L4, 54/2
  Einkaufsmöglichkeit, die, -en   L9, 109/4a
  Einkaufspassage, die, -n   L6, 77/2a
- einladen   L3, 42/1
  Einladung, die, -en   L6, 70
- (ein)mal   L1, 18/1
- einmal, zweimal usw.   L10, 121/3
- einsam   L7, 92/1a
  eintragen   L10, 118/1
- Einwohner, der, -   L9, 112/2a

- Einzelzimmer, das, -   L7, 82
- Eis, das *(nur Sing.)*   L2, 26/1
  Eiskaffee, der *(nur Sing.)*   L2, 27/5
  Elbe, die *(Fluss)*   L5, 60/1
  elegant   L5, 60/1
  Elektriker, der, -   L9, 108
- Elektrotechnik, die *(nur Sing.)*   L10, 119/1
  Elfchen, das, -   L8, 104/1a
  Elsass, das   L9, 106/1
- Eltern, die *(nur Pl.)*   L3, 41/5b
- E-Mail, die, -s   L3, 39/1
  Empfang, der *(nur Sing.)*   L7, 83/2
  empfangen   L7, 83/2
  Empfangschef, der, -s   L7, 83/2
  Empfangschefin, die, -nen   L7, 83/2
- endlich   L4, 48/1a
- eng   L10, 126/1a
- Englisch *(Sprache)*   L9, 114/1a
- entdecken   L7, 87/4
- Entfernung, die, -en   L10, 126/1a
- entscheiden   L10, 122/2a
- Entschuldigung!   L2, 32/3
- er   L1, 14/1
- Erdgeschoss *(Abk. EG)*, das, -e   L10, 118/1
- Erfolg, der, -e   L7, 92/1a
  ergänzen   L1, 18/1
- Ergebnis, das, -se   L8, 94/1a
- erklären   L3, 42/2b
- erreichen   L7, 83/3
- erst   L5, 62/1a
- erst-   L8, 98/6b
  erwachsen   L10, 118
- erzählen   L5, 63/6
  Erzbischof, der, -bischöfe   L7, 92/1a
- es   L1, 21
- es geht → gehen   L2, 30/1
- es gibt → geben   L4, 47/2a
  es ist *(Uhrzeit)*   L6, 80/3
- essen   L2, 26/1
- Essen, das *(nur Sing.)*   L7, 83/2
  Essen machen   L7, 83/2
- Essig, der *(nur Sing.)*   L5, 66/1
  Esszimmer, das, -   L10, 118/1
- etwas   L4, 50/6
- etwas *(ein bisschen)*   L10, 119/2
- etwas anderes   L10, 122/2a
- euer, eure   L3, 43/4
- Euro, der, -   L4, 53/5a
  Eurocity, der, -s (EC)   L1, 14/1
- Europa   L1, 12/1
- ewig   L10, 121/4a
- Export, der, -e   L9, 107/3a

F

• Fabrik, die, -en   L2, 22/1a
  Fachhochschule, die, -n   L10, 119/1
• fahren   L1, 14/1
• Fahrrad, das, -räder   L4, 51/1
• Fahrrad fahren   L4, 51/1
  Fahrschule, die, -n   L8, 98/6a
• Fahrt, die, -en   L7, 87/4
• falsch   L1, 15/1a
• Familie, die, -n   L3, 34
  Familienidylle, die, -n   L5, 68/3
  Familienname, der, -n   L3, 35/2
  Familienstand, der (nur Sing.)   L3, 36/4a
  fantasievoll   L9, 116/1D
  fantastisch   L3, 35/2
• Farbe, die, -n   L8, 101/4a
  Fasnacht, die (nur Sing.)   L9, 116/1A
• fast   L7, 83/3
• Fax, das, -e   L3, 39/1
• Februar, der (nur Sing.)   L9, 116/1A
• fehlen   L1, 17/7
• Feier, die, -n   L6, 70
• feiern   L6, 70
• Fenster, das, -   L7, 84/1a
  Fernmeldeturm, der, -türme   L2, 31/4
• fernsehen   L3, 35/2
• Fernsehen, das (nur Sing.)   L3, 34/1
• Fernseher, der, -   L7, 82/1
  Fernsehshow, die, -s   L3, 34/1
• Fest, das, -e   L10, 125/5a
  Festival, das, -s   L9, 116/1B
  Fett, das (hier nur Sing.)   L10, 124/1
• Film, der, -e   L3, 39/1
• Film, der, -e   L7, 85/5
• finanziell   L7, 92/1a
• finden   L1, 13/6
• finden   L8, 101/2
• Firma, die, Firmen   L9, 107/3a
• Fisch, der, -e   L5, 67/3
  Fitness-Studio, das, -s   L8, 98/6a
• Flasche, die, -n   L4, 52/2
• Fleisch, das (nur Sing.)   L5, 67/3
  Fleischbrühe, die, -n   L5, 66/1
• fliegen   L6, 74/1a
  Flohmarkt, der, -märkte   L8, 98/6a
  Floristin, die, -nen   L10, 118
  Flöte, die, -n   L3, 43/4
• Flugzeug, das, -e   L7, 91/5a
• Fluss, der, Flüsse   L2, 31/3a
• Formular, das, -e   L3, 39/1
• Foto, das, -s   L3, 36/4a
  Fotoapparat, der, -e   L1, 13/6

  Fotograf, der, -en   L5, 59/3
• fotografieren   L4, 47/2a
  Fotografin, die, -nen   L1, 15/1c
  fotokopieren   L8, 104/1a
• Frage, die, -n   L1, 11/3b
• fragen   L1, 16/3
  Fragezeichen, das, -   L1, 14/3b
• Franken, der, -   L9, 107/3a
  Frankreich   L1, 12/3a
• Französisch (Sprache)   L9, 106/2
• Frau (Anrede)   L1, 11/3b
• Frau, die, -en   L2, 26/1
• frei   L7, 89/5a
• Freitag, der, -e   L3, 44/3
• Freizeit, die (nur Sing.)   L7, 84
• Fremdsprache, die, -n   L9, 116/1
• Freund, der, -e   L5, 62/1a
• Freundin, die, -nen   L5, 62/1a
• freundlich   L3, 42/1
• Frieden, der (nur Sing.)   L6, 77/1
  friedlich   L6, 77/1
• frisch   L10, 124/1
• Friseur, der, -e   L8, 98/6a
  Friseursalon, der, -s   L10, 122/2a
• früh   L7, 84/1a
• früher   L5, 64/1
  Frührentner, der, -   L10, 118
• Frühstück, das (nur Sing.)   L5, 62/1a
• frühstücken   L5, 62/1a
• Führung, die, -en   L7, 83/3
• für   L3, 35/2
• für + Akk.   L5, 59/4
• furchtbar   L10, 122/2a
• Fußball, der, -bälle   L2, 26/1
  Fußball spielen   L2, 26/1
  Fußballplatz, der, -plätze   L2, 26/1
  Fußballverein, der, -e   L10, 126/1a
• Fußgängerzone, die, -n   L5, 60/1

G

• Gabel, die, -n   L5, 66/1
• ganz   L2, 28/1
• ganz-   L9, 107/3a
• ganz (ganz gut)   L9, 113/5
• die ganze Familie   L3, 42/1
• Garage, die, -n   L10, 118/1
• Garten, der, Gärten   L7, 89/5a
  Gartenarbeit, die (nur Sing.)   L10, 128/1b
• Gas, das (nur Sing.)   L10, 128/1b
  Gasheizung, die (hier nur Sing.)   L10, 128/1b
• Gast, der, Gäste   L7, 83/2
• Gaststätte, die, -n   L9, 116/1A

- Gebäude, das, -   L2, 22/1a
- geben (es gibt)   L5, 67/2a
- Gebiet, das, -e   L9, 116/1C
- geboren (sein)   L6, 78/2a
- Geburtstag, der, -e   L6, 74/2a
  Geburtstagsparty, die, -s   L10, 125/5a
  Gedicht, das, -e   L8, 104/1a
- geeignet   L9, 116/1D
- gefährlich   L9, 111/5a
- gefallen   L10, 126/1a
- gegen   L9, 108/1a
- Gegenwart, die (nur Sing.)   L6, 79/3
- gehen   L2, 28/1
- gehen (funktionieren)   L5, 62/1a
- gehören zu   L10, 120/1a
- gelb   L8, 101/2
- Geld, das (nur Sing.)   L4, 51/1
- gelten   L9, 116/1B
- Gemüse, das (nur Sing.)   L4, 46/1
  Gemüsesuppe, die, -n   L5, 67/2b
- genau   L4, 50/6b
- genau (Adj.)   L8, 102/2b
- Gepäck, das (nur Sing.)   L7, 89/4
- gerade (zeitl.)   L7, 84/1b
- geradeaus   L8, 98/6b
- gern   L3, 35/2
- gesamt   L9, 112/2b
- Geschäft, das, -e   L2, 28/1
- Geschichte, die, n   L9, 107/3a
- geschieden   L3, 39/1
- geschnitten (Adj.)   L10, 125/3
- Geschwister, die (nur Pl.)   L3, 42/1
- Gespräch, das, -e   L5, 64/1a
- gestern   L5, 64/1a
- gesund   L9, 108/1a
- Getränk, das, -e   L7, 83/2
- getrennt   L4, 53/5b
- Gewürz, das, -e   L8, 102/2a
- Gitarre, die, - n   L3, 38/2
- Gitarre spielen   L3, 38/2
  Gitarrist, der, -en   L6, 78/2b
  Gitarristin, die, -nen   L6, 78/2b
- Glas, das, Gläser   L4, 52/2
- Glas (Behälter), das, Gläser   L10, 124/1
- glauben   L2, 29/5
- gleich (zeitlich)   L8, 101/2
- gleich-   L10, 126/1a
- gleichfalls   L10, 125/3
- Glück, das (nur Sing.)   L5, 68/3
  Glühwein, der (nur Sing.)   L8, 104/1a
  Gose, die, -n   L6, 71
- Grad (Celsius), der, -e   L7, 86/1b

- Gramm, das, -   L10, 124/1
  Grammatik, die (hier nur Sing.)   L2, 32/2
- grau   L8, 101/2
- Grenze, die, -n   L9, 107/3a
  Grenzgänger, der, -   L9, 107/3a
  Griechenland   L5, 63/6
- groß   L2, 22/1a
- groß, größer, am größten   L9, 108/1a
  Großbritannien   L1, 12/3a
- Größe, die, -n   L8, 101/2
  Größentabelle, die, -n   L8, 101/2
- Großfamilie, die, -n   L10, 125/5a
- Großmutter, die, -mütter   L3, 41/5b
- Großstadt, die, -städte   L2, 27/5
- grün   L8, 101/2
- Grundschule, die, -n   L6, 79/3
- Gruppe, die, -n   L8, 94/1c
- Gruß, der, Grüße   L3, 42/1
  Grüß Gott!   L7, 88/1
- günstig (billig)   L10, 124/1
- gut   L1, 10
- Guten Abend!   L1, 10/2
- Guten Morgen!   L1, 10/2
- Guten Tag!   L1, 10/2

H
- haben   L3, 36/4a
- Hackfleisch, das (nur Sing.)   L10, 124/1
- Hafen, der, Häfen   L2, 22/1a
- halb (zehn)   L6, 80/1
- Halbpension, die (nur Sing.)   L7, 89/4
- Hallo!   L1, 10/2
- Haltestelle, die, -n   L8, 96/1
- Handel, der (nur Sing.)   L6, 77/1
- Handtuch, das, -tücher   L7, 84/1a
  Handwerk, das (nur Sing.)   L8, 95/2a
- Handy, das, -s   L7, 90/2
- hart (Adv.)   L10, 120/1a
  Harz, der (Gebirge)   L6, 71
- ich hätte gern → haben   L4, 52/2
- Haupt-   L8, 95/2a
- Hauptbahnhof, der, -höfe   L2, 22/1a
- Haus, das, Häuser   L2, 23/1a
- Hausfrau, die, -en   L3, 35/2
- Haushalt, der (hier nur Sing.)   L5, 62/1a
  Hausmann, der, -männer   L10, 119/2
- Hausmeister, der, -   L10, 118
  Haustier, das, -e   L3, 43/6a
- Heft, das, -e   L2, 32/1
  Heirat, die (nur Sing.)   L6, 78/2b
- heiraten   L6, 78/2a
- heiß   L2, 27/3

• heißen   L1, 11/3
  heiter   L9, 116/1D
  Heizung, die, -en   L10, 128/1b
• helfen   L8, 101/4a
• hell   L10, 127/3a
• hellblau   L8, 101/2
• Hemd, das, -en   L8, 100/1a
• Herbst, der *(hier nur Sing.)*   L8, 100/1a
• Herr *(Anrede)*   L1, 11/3b
• herzlich   L6, 72/1a
• heute   L1, 15/1b
• hier   L1, 12/1
• Hilfe, die *(hier nur Sing.)*   L7, 89/4
  historisch   L8, 102/1
  H-Milch, die *(nur Sing.)*   L10, 124/1
• Hobby, das, -s   L3, 38/1
• hoch   L2, 30/2
  Hochschulabschluss, der, -abschlüsse   L6, 79/3
• Hof, der, Höfe   L10, 118/1
• hoffentlich   L6, 72/1a
  Honduras   L1, 12/3a
• Honig, der *(nur Sing.)*   L4, 54/2a
• hören   L1, 10/1
• Hose, die, -n   L8, 100/1a
• Hotel, das, -s   L2, 28/1
  Hotelier, der, -s   L7, 83/2
  Hotelprospekt, der, -e   L7, 82/1
• hübsch   L3, 36/4a
• Hund, der, -e   L3, 42/1
• Hunger, der *(nur Sing.)*   L5, 60/1
• Hunger haben   L5, 60/1
• hungrig   L9, 116/1A
  Hut, der, Hüte   L7, 90/2

I

  Idealfrau, die, -en   L5, 68/3
• Idee, die, -n   L4, 52/2
• ihr   L1, 17/7
• Ihr, Ihre   L3, 35/2
• ihr, ihre *(Sing.)*   L3, 41/4a
• ihr, ihre *(Pl.)*   L3, 43/4
• im   L1, 11/3b
  im Jahr 2000   L6, 75/5b
  im Moment   L3, 35/2
  im Zentrum (von)   L2, 23/1a
• immer   L2, 22/1a
• immer noch   L6, 72/1a
  Immobilie, die, -n   L10, 128/1b
• in   L1, 11/3b
• in + Akk.   L5, 60/1
• in + Dat.   L8, 96/2
  in die Schule gehen   L3, 41/4b

• in Ordnung sein   L9, 114/1a
  Indien   L1, 12/3a
  individuell   L8, 100/1a
• Industrie, die, -n   L9, 107/3a
• Information, die, -en   L8, 94/1a
• informieren   L7, 83/3
  Innenhof, der, -höfe   L9, 116/1B
• ins   L3, 38/1
  ins Bett bringen   L5, 62/1a
• interessant   L5, 60/1
  interessanterweise   L9, 116/1C
• international   L8, 101/2
• Internet, das *(nur Sing.)*   L8, 102/2a
  Internet-Adresse, die, -n   L8, 102/2a
• Interview, das, -s   L3, 37/8
  interviewen   L8, 94/1b
  Intonation, die, -en   L10, 127/4
• ist → sein   L1, 11/3b
  Italien   L1, 15/1a

J

• ja *(Antwort)*   L1, 11/3b
• ja *(Partikel)*   L5, 64/1a
• Jacke, die, -n   L8, 100/1a
• Jahr, das, -e   L2, 30/2
  Jahreszahl, die, -en   L6, 78/1
  Jahrgang, der, -gänge   L6, 78
• Jahrhundert, das, -e   L9, 116/1D
  Japan   L1, 12/3a
• Jazz, der *(nur Sing.)*   L9, 116/1
• je nach   L9, 116/1E
  Jeanshose, die, -n   L10, 123/5
  jede Menge   L9, 107/3a
• jeden Tag   L1, 14/1
• jeder, -e, -s   L9, 107/3a
• jemand   L10, 121/4a
• jetzt   L1, 19/3
• Job, der, -s   L9, 114/1a
  joggen   L3, 38/1
  Joghurt, der/das, -s   L10, 124/1
• Journalist, der, -en   L1, 15/1b
• Journalistin, die, -nen   L5, 58/3
• Juli, der *(nur Sing.)*   L6, 70

K

• Kaffee, der *(nur Sing.)*   L1, 13/6
  Kaffeepause, die, -n   L6, 70
  Kaiser, der, -   L8, 95/2a
  kaiserlich   L7, 92/1a
• Kalender, der, -   L3, 44/3
• kalt   L2, 27/3
  Kaltmiete, die, -n   L10, 128/1b

Kandidat, der, -en   L3, 41/5
Kandidatin, die, -nen   L3, 35/2
Kanon, der, -s   L7, 92/2
Kantate, die, -n   L6, 77/1
• Kantine, die, -n   L9, 112/1a
• Kanton, der, -e   L9, 106/1
Kantor, der, -en   L6, 77/1
Karotte, die, -n   L5, 66/1
• Karte (Eintrittskarte), die, -n   L7, 83/3
• Karte, die, -n (Spielkarte)   L1, 15/1a
Karte, die, -n (Visitenkarte)   L1, 18/1
• Karten spielen   L1, 15/1a
• Kartoffel, die, -n   L5, 67/3
Kartoffelsuppe, die, -n   L5, 67/2b
• Käse, der (nur Sing.)   L4, 52/1
• Kasse, die, -n   L8, 101/4a
Kassenbon, der, -s   L8, 101/4a
• Kasten, der, Kästen   L10, 124/1
Kategorie, die, -n   L9, 116/1E
• Katze, die, -n   L3, 42/1
• kaufen   L4, 48/1a
Kauffrau, die, -en   L10, 126/1a
• Kaufhaus, das, -häuser   L2, 28/1
Kaution, die, -en   L10, 128/1b
• kein, keine   L2, 28/1
• Keller, der, -   L10, 128/1b
• Kellnerin, die, -nen   L4, 46/1
Kenia   L1, 12/3a
• kennen   L1, 12/3a
• kennen lernen   L8, 94/1a
• Kilogramm (Abk. kg), das, -   L10, 124/1
• Kilometer, der, -   L9, 108/1a
• Kind, das, -er   L2, 26/1
• Kindergarten, der, -gärten   L5, 62/1a
Kinderzimmer, das, -   L10, 118/1
Kindheit, die, -en   L10, 123/5
• Kino, das, -s   L2, 28/1
• Kirche, die, -n   L2, 23/1a
Kirchturm, der, -türme   L5, 60/1
• klar   L1, 18/1b
• Klasse, die, -n   L6, 70/1
Klassentreffen, das, -   L6, 70/1
• Klavier, das, -e   L3, 43/4
• Kleid, das, -er   L8, 101/2
• Kleider, die (nur Pl.)   L8, 101/2
• Kleidung, die (nur Sing.)   L8, 100/1a
• Kleidungsstück, das, -e   L8, 100/1a
• klein   L2, 27/2
klein schneiden   L5, 67/2a
Kleinstadt, die, -städte   L2, 27/5
• Klo, das, -s   L7, 88/3
• Kneipe, die, -n   L10, 121/4a

• Knie, das, -   L9, 107/3a
Koch, der, Köche   L5, 58/1
• kochen   L5, 67/2a
Köchin, die, -nen   L5, 58/2
• Koffer, der, -   L7, 89/4
• Kohle, die (hier nur Sing.)   L10, 120/1a
• Kollege, der, -n   L9, 113/5
• Kollegin, die, -nen   L9, 114/1a
kombinieren   L1, 14/2b
• kommen   L1, 11/3b
komponieren   L6, 77/1
Komponist, der, -en   L7, 92/1a
Komposition, die, -en   L7, 92/1b
• können   L4, 48/1a
• Kontakt, der, -e   L5, 64/1a
• Kontinent, der, -e   L1, 12/2
Konzern, der, -e   L9, 107/3a
• Konzert, das, -e   L7, 83/3
Konzertmeister, der, -   L7, 92/1a
Kopfarbeiter, der, -   L10, 126/1a
Kopfsalat, der (nur Sing.)   L10, 124/1
körperlich   L10, 120/1b
• korrigieren   L10, 125/4
• kosten   L7, 82/1
• Kosten, die (nur Pl.)   L10, 128/1b
• krank   L6, 74/1a
krank werden   L6, 74/1a
• Krankenhaus, das, -häuser   L5, 62/1a
• Krankenschwester, die, -n   L3, 35/2
Kräuter, die (nur Pl.)   L5, 66/1
• Kreuzung, die, -en   L8, 98/6b
• Krimi, der, -s   L3, 34/1
Kroate, der, -n   L10, 126/1a
Kuba   L1, 13/7
• Küche, die, -n   L10, 118/1
• Kuchen, der, -   L4, 52/1
Küchenzeile, die, -n   L10, 118/1
Kugel, die, -n   L7, 92/1a
• Kugelschreiber, der, -   L2, 32/1
• Kultur, die, -en   L9, 107/3a
• Kunde, der, -n   L5, 64/1a
• Kundin, die, -nen   L5, 64/1a
• Kunst, die (hier nur Sing.)   L9, 116/1
• Künstler, der, -   L7, 92/1a
• Kurs, der, -e   L1, 11/3b
• Kursbuch, das, -bücher   L2, 32/2
• Kursleiterin, die, -nen   L8, 94/1a
• kurz   L1, 16/6

L

Laborant, der, -en   L9, 112/2a
- lachen   L6, 72/1a
- Laden, der, Läden   L5, 60/1

Lamm, das, Lämmer   L10, 124/1
- Land, das (hier nur Sing.)   L9, 107/3a
- Land, das, Länder   L1, 12/3a

Landkarte, die, -n   L9, 106/1

Landleben, das (nur Sing.)   L9, 108/1a
- lang   L1, 16/6
- lang, länger, am längsten (… Jahre lang)
  L10, 120/1a
- lange (Adv.)   L7, 88/3
- langsam   L2, 27/2
- langweilig   L7, 88/3
- Lastwagen, der, -   L2, 22/1a

Lauch, der (nur Sing.)   L5, 66/1

Lauf, der, Läufe   L9, 116/1E
- laufen   L9, 116/1
- laut   L4, 50/6b
- laut (gemäß)   L9, 116/1C
- leben   L9, 108/1a
- Leben, das, -   L5, 68/3

Lebenslauf, der, -läufe   L6, 78/2a
- Lebensmittel, das, -   L5, 66/1

Lebensmittelgeschäft, das, -e   L5, 64/1a

Lebkuchen, der, -   L8, 95/2a
- ledig   L3, 39/1
- leer   L2, 27/2

Leergut, das (nur Sing.)   L10, 125/4
- legen   L5, 67/2a
- Lehrer, der, -   L5, 59/3
- Lehrerin, die, -nen   L5, 59/3
- leicht   L5, 63/7
- leider   L1, 17/7
- leise   L9, 111/5a
- leiten   L6, 77/1

Leiterin, die, -nen   L8, 94/1a
- lernen   L1, 12/4
- lesen   L1, 10/1
- letzte Woche   L6, 75/5b
- letztes Jahr   L6, 75/5b
- Leute, die (nur Pl.)   L4, 48/2

Lexikon, das, Lexika   L7, 92/1a

Libanon, der   L9, 114/1a
- Licht, das, -er   L9, 116/1A
- liebe, lieber (Briefanrede)   L3, 42/1
- lieber → gern   L9, 108/1a
- Lied, das, -er   L3, 42/1
- liegen   L1, 12/1
- Limo (= Limonade), die, -s   L8, 96/2
- link-   L8, 98/6b

- links   L2, 22/1a
- Liter (Abk. l), der, -   L10, 124/1
- Löffel, der, -   L5, 66/1a
- los sein   L9, 108/1a
- lösen   L10, 122/2a

Lücke, die, -n   L10, 122/2b
- Luft, die (hier nur Sing.)   L9, 108/1a
- lustig   L6, 72/1a

Luxemburg   L1, 12/3a

M

- machen   L1, 15/1a
- machen (kosten)   L4, 53/5b
- Mädchen, das, -   L10, 122/2a
- mager   L10, 125/4
- Mahlzeit, die, -en   L5, 62/1b
- Mai, der (nur Sing.)   L6, 72/1a

Main, der (Fluss)   L2, 28/1
- mal   L1, 18/1
- Mal, das, -e   L9, 116/1B

Maler, der, -   L8, 95/2a

Mama, die, -s   L4, 50/6a
- man   L4, 56/1
- manchmal   L3, 38/4
- Mann, der, Männer   L2, 26/1
- Mann, der, Männer (hier = Ehemann)   L3, 36/4a
- Mantel, der, Mäntel   L8, 100/1a

Marketingassistentin, die, -nen   L10, 119/1
- markieren   L1, 10/1
- Markt, der, Märkte   L8, 95/2a

Marktfrau, die, -en   L4, 46/1
- Marktplatz, der, -plätze   L9, 116/1B

Marktstand, der, -stände   L4, 46/1

Markttag, der, -e   L8, 104/1a
- Marmelade, die, -n   L4, 54/2a

Marokko   L1, 12/3a
- März, der (nur Sing.)   L9, 116/1C
- Maschine, die, -n   L9, 116/1D

Maske, die, -n   L9, 116/1
- Mechaniker, der, -   L10, 126/1a
- Medikament, das, -e   L9, 107/3a
- Mehl, das (nur Sing.)   L9, 116/1A
- mehr   L5, 64/1a

mehr → viel   L7, 92/1a
- mehrere   L9, 107/3a

mehrsprachig   L9, 107/3a

Mehrsprachigkeit, die (nur Sing.)   L9, 116/1C
- mein, meine   L3, 34
- meinen   L10, 126/1a
- Meinung, die, -en   L9, 109/4
- meistens   L9, 113/5

Melodie, die, -n   L3, 43/4

- Menge, die, -n   L9, 107/3a
- Mensch, der, -en   L1, 12/1
  Messe, die, -n   L6, 77/1
- Messer, das, -   L5, 66/1
  Messestadt, die, -städte   L6, 77/1
  Messeturm, der, -türme   L2, 31/4
- Meter, der, -   L2, 30/2
- Miete, die, -n   L9, 108/1a
- Milch, die *(nur Sing.)*   L4, 52/1
  Milchkaffee, der *(nur Sing.)*   L6, 72/1a
- mindestens   L10, 119/2
- Mineralwasser, das *(nur Sing.)*   L4, 52/1
- Minute, die, -n   L2, 26/1
- mit   L7, 88/1
- mit + Dat.   L7, 90/2
- mitbringen   L3, 42/1
- mitkommen   L3, 42/1
- mitlaufen   L9, 116/1
- mitmachen   L3, 35/2
  Mitschüler, der, -   L6, 72/1a
  Mitschülerin, die, -nen   L6, 72/1a
- mitsingen   L3, 44/1
- mitspielen   L3, 42/1
- Mittag, der, -e   L5, 62/1a
- Mittagessen, das, -   L5, 62/1b
- mittags   L5, 62/1a
- mitten in   L1, 14/1
- Mittwoch, der, -e   L3, 44/3
- möcht-   L3, 35/2
- Mode, die, -n   L8, 95/2a
- modern   L8, 95/2a
- möglich   L9, 116/1E
- Möglichkeit, die, -en   L9, 109/4a
- Moment, der, -e   L4, 53/5b
- Monat, der, -e   L9, 112/1b
- Montag, der, -e   L3, 38/1
- montags, dienstags usw.   L10, 120/1b
  montieren   L9, 116/1A
- morgen   L1, 15/1b
- Morgen, der, -   L1, 10/2
- morgens   L5, 62/1a
  Morgenstraich, der *(nur Sing.)* (CH)   L9, 116/1A
- Motorrad, das, -räder   L9, 111/3
  Mozartkugel, die, -n   L7, 92/1a
- müde   L5, 60/1
  Münster, das, -   L4, 46/1
- Museum, das, Museen   L2, 28/1
- Musik, die *(nur Sing.)*   L3, 38/1
  Musik hören   L3, 38/1
  Musik machen   L3, 42/1
  musikalisch   L7, 92/1a
  Musiker, der, -   L7, 83/2

Musikhochschule, die, -n   L6, 78/2b
Musikinstrument, das, -e   L7, 90/2
- müssen   L4, 54/1
- Mutter, die, Mütter   L3, 41/4b
  Muttersprache, die, -n   L9, 114/1a

N
Na?   L2, 30/1
na gut   L2, 29/4
na ja   L5, 64/1a
- nach   L1, 14/1
  nach Hause (fahren)   L6, 80/4
- Nachbar, der, -n   L5, 62/1a
- Nachbarin, die, -nen   L5, 62/1a
- Nachmittag, der, -e   L10, 125/5a
- nachmittags   L5, 62/1a
- Nachricht, die, -en   L3, 34/1
  nachsprechen   L3, 44/1
- nächst-   L9, 116/1A
- Nacht, die, Nächte   L7, 89/4
- Nachteil, der, -e   L9, 111/5
- Nachtisch, der *(nur Sing.)*   L10, 125/4
- nachts   L5, 62/1b
  Nachtschicht, die, -en   L10, 122/1
- nah   L2, 28/1
- nah, näher, am nächsten   L9, 116/1D
- nähen   L8, 100/1a
- Name, der, -n   L1, 11/3b
- nämlich   L7, 88/3
  Nationalität, die, -en   L9, 115/6
  nationalsozialistisch   L8, 95/2a
- Natur, die *(hier nur Sing.)*   L10, 124/1
- natürlich   L3, 36/4a
- nebenbei   L10, 118
  Nebenkosten, die *(nur Pl.)*   L10, 128/1b
- negativ   L2, 28/3
- nehmen   L4, 52/2
- nehmen (Platz)   L3, 35/2
- nein *(Antwort)*   L1, 11/3b
- nervös   L2, 30/1
- nett   L1, 18/1
- neu   L5, 63/6
  Neubau, der, -bauten   L10, 128/1b
- nicht   L1, 15/1a
  nicht mehr   L5, 59/4
- nichts   L5, 62/1a
- nie   L3, 38/4
  Niederlande, die *(Pl.)*   L9, 115/5
- niedrig   L9, 109/4a
- niemand   L6, 78/2b
- noch   L1, 17/7
  noch einmal   L1, 20/4

- Norddeutschland   L2, 22/1a
- Norden, der *(nur Sing.)*   L1, 14/1
- normal   L9, 116/1A
  Norwegen   L1, 12/3a
  notieren   L8, 99/9a
- Notiz, die, -en   L8, 102/1
  Notizzettel, der, -   L8, 102/1
- November, der *(nur Sing.)*   L9, 116/1D
- Nummer, die, -n   L2, 29/4
  nummerieren   L1, 11/4
- nur   L2, 28/1

O

- oben   L10, 126/1a
- Ober, der, -   L7, 83/2
  Obergeschoss *(Abk.* OG), das, -e   L10, 128/1b
  Objekt, das, -e   L4, 48
- Obst, das *(nur Sing.)*   L4, 46/1
  Obstkuchen, der, -   L4, 52/2
- oder   L1, 12/1
- oft   L3, 38/4
  oh je   L8, 101/2
- ohne   L5, 62/1a
- Öl, das, -e   L5, 66/1
  Olive, die, -n   L10, 124/1
  Oman   L1, 12/3a
- Onkel, der, -   L3, 42/1
  Oper, die, -n   L7, 92/1a
- Orange, die, -n   L10, 124/1
  Orangensaft, der *(nur Sing.)*   L4, 54/2a
- ordnen   L1, 19/2b
- Ordnung, die, -en   L9, 114/1a
- organisieren   L5, 62/1a
- Ort, der, -e   L3, 39/1
  Ortstermin, der, -e   L6, 70
- Osten, der *(nur Sing.)*   L1, 14/1
- Österreich   L1, 12/1
- Österreicher, der, -   L7, 87/4

P

- Paar, das, -e   L7, 90/2
- (ein) paar   L6, 74/2a
  Packung, die, -en   L10, 124/1
- Paket, das, -e   L10, 124/1
  Panik, die *(nur Sing.)*   L4, 56/3
  Papa, der, -s   L4, 50/6a
- Papier, das *(hier nur Sing.)*   L2, 32/1
- Partei, die, -en   L8, 95/2a
  Parteitag, der, -e   L8, 95/2a
- Partner, der, -   L3, 39/1
- Partnerin, die, -nen   L3, 39/1
- Party, die, -s   L10, 121/4a

- passen   L1, 20/1
  passend   L6, 73/2
- passieren   L6, 74/1
  Passion, die, -en   L6, 77/1
- Pause, die, -n   L7, 84/1b
- Pause machen   L7, 84/1b
  pendeln   L9, 107/3a
  Pendeln, das *(nur Sing.)*   L9, 111/4
  Pendler, der, -   L9, 107/3a
- perfekt   L6, 78/2b
- Person, die, -en   L3, 42/1
  Pfand, das *(nur Sing.)*   L10, 124/1
- Pfeffer, der *(nur Sing.)*   L5, 66/1
  pfeffern   L5, 67/3
- Pfund, das, -e   L10, 124/1
  Pharmakonzern, der, -e   L9, 107/3a
- Picknick, das, -e oder -s   L10, 125/5a
- planen   L5, 62/2
- Platz, der, Plätze *(Stadt)*   L2, 23/1a
- Platz *(Sitzplatz)*, der, Plätze   L9, 116/1B
- Platz nehmen   L3, 35/2
- Pole, der, -n   L10, 126/1a
  Polen   L1, 12/3a
- Polizist, der, -en   L9, 108
  Popgruppe, die, -n   L6, 77/1
- Portion, die, -en   L4, 53/6
- Portugal   L10, 126/1a
- positiv   L2, 28/3
- Post, die *(nur Sing.)*   L2, 29/4
  Postfach, das, -fächer   L9, 116/1E
- Postkarte, die, -n   L5, 60/1
- Postleitzahl, die, -en   L3, 39/1
- praktisch   L9, 111/5a
  Praline, die, -n   L10, 124/1
  präsentieren   L8, 104
- Presse, die *(nur Sing.)*   L9, 116/1D
- prima   L3, 40/3
- privat   L10, 128/1b
- pro   L10, 119/2
- probieren   L8, 95/2a
- Problem, das, -e   L2, 30/1
- Produkt, das, -e   L1, 13/6
- Produktion, die, -en   L3, 39/1
  Produzent, der, -en   L3, 40/1a
- produzieren   L8, 100/1b
- Programm, das, -e   L6, 70
  Programmierer, der, -   L9, 108
- Projekt, das, -e   L8, 94
- Prospekt, der, -e   L5, 60/1
- Prost!   L10, 121/3
- Prozent (%), das *(hier nur Sing.)*   L10, 124/1
- Prüfung, die, -en   L10, 119/2

- Pullover, der, -   L8, 100/1a
- Punkt, der, -e   L1, 14/3b
  Putenschnitzel, das, -   L10, 124/1
- putzen   L7, 84/1a

Q

- Quadratmeter (m2), der, -   L10, 128/1b
- Qualität, die, -en   L8, 102/2a

R

  Radiergummi, der, -s   L2, 32/1
- Radio, das, -s   L3, 41/4b
  Radio hören   L3, 41/4b
- Rathaus, das, -häuser   L2, 23/1a
  Rätoromanisch (Sprache)   L9, 107/3a
- rauchen   L8, 102/3
- Raum, der, Räume   L7, 82/1
- rechts   L2, 22/1a
- Region, die, -en   L2, 22/1a
- Reise, die, -n   L1, 18/1
- reisen   L1, 15/1b
  Rentner, der, -   L5, 58/1
  Rentnerin, die, -nen   L5, 58/1
  Reportage, die, -n   L5, 60/1
- Restaurant, das, -s   L2, 23/1a
  Revolution, die, -en   L6, 77/1
  Rhein, der (Fluss)   L2, 31/3a
- richtig   L1, 15/1a
  Rose, die, -n   L6, 71
  Ruhrgebiet, das   L2, 22/1a
  Russland   L1, 11/3b

S

- Saft, der, Säfte   L4, 52/1
- sagen   L2, 27/2
- Salat, der, -e   L4, 54/2a
- Salz, das (nur Sing.)   L5, 66/1
  salzen   L5, 67/3
- Samstag, der, -e   L3, 44/3
- Samstagnachmittag, der, -e   L4, 48/1a
  Sandwich, das, -es   L4, 48/1a
- Sänger, der, -   L6, 77/1
- Satz, der, Sätze   L1, 17/9
- sauer   L6, 71
  S-Bahn, die, -en   L5, 60/1
  schälen   L5, 67/2a
  Schatz (Kosewort)   L4, 52/2
- schauen   L5, 60/1
- Schiff, das, -e   L2, 22/1a
- schlafen   L1, 15/1a
- schlecht   L2, 27/3
- Schluss, der (nur Sing.)   L5, 67/2a

- schmecken   L5, 60/1
- schneiden   L5, 67/2a
- schnell   L2, 27/2
  Schnellzug, der, -züge   L2, 27/5
- Schokolade, die (nur Sing.)   L1, 13/6
  Schokoladeneis, das (nur Sing.)   L2, 27/5
  Schokoladenkuchen, der, -   L4, 52/2
  Schokoladentorte, die, -n   L2, 26/1
- schon   L1, 15/1c
  schon einmal   L5, 64/1a
- schön   L3, 35/2
- schreiben   L1, 10/1
  Schreibwarenladen, der, -läden   L4, 54/2b
  Schulabschluss, der, -abschlüsse   L6, 78/2b
- Schule, die, -n   L2, 29/4
- Schüler, der, -   L3, 39/1
- Schülerin, die, -nen   L3, 39/1
- Schweiz, die   L1, 12/1
- Schwester, die, -n   L3, 42/1
- schwimmen   L5, 64/1a
- sehen   L3, 38/1
- sehr   L1, 15/1b
- sein   L1, 21/3
- sein, seine   L3, 41/5a
- seit   L6, 71/2
- Seite, die, -n   L2, 32/2
- selten   L3, 38/4
- Sendung, die, -en   L3, 34/1
  Show, die, -s   L3, 34/1
- sicher   L3, 43/4
- Sie   L1, 10/1
- sie (Sing.)   L1, 15/1b
- sie (Pl.)   L1, 15/1c
- sind → sein   L1, 11/3b
- singen   L3, 38/2
- Situation, die, -en   L1, 15/1
- sitzen   L6, 72/1a
- so   L2, 30/1
- so weit sein   L6, 72/1a
- sofort   L4, 52/2
- Sohn, der, Söhne   L3, 36/4a
- Sonntag, der, -e   L3, 44/3
  sortieren   L2, 26/1
- Souvenir, das, -s   L4, 48/1a
  Souvenirladen, der, -läden   L4, 48/1a
  Spanien   L1, 12/3a
- spazieren gehen   L5, 62/1a
  Spaziergang, der, -gänge   L5, 60
  Speisekarte, die, -n   L4, 53/6
  Spezialität, die, -en   L5, 60/1
- spielen   L1, 15/1a
- Sport, der (nur Sing.)   L3, 38/1

Sport machen   L3, 38/2

• Sprache, die, -n   L1, 10/1

• sprechen   L1, 10/1

• Stadt, die, Städte   L2, 22/1a

• Stadtplan, der, -pläne   L4, 48/1a

Stadtrand, der (nur Sing.)   L2, 28/1

• stattfinden   L3, 40/1a

• steigen   L5, 60/1

• Straße, die, -n   L2, 24/3

• Stück Kuchen, das, -   L4, 52/2

• Student, der, -en   L3, 39/1

• Studentin, die, -nen   L3, 39/1

• studieren   L6, 78/2a

Studio, das, -s   L3, 40

• Studium, das, Studien   L6, 78/2b

• suchen   L1, 12/2

• Süddeutschland   L1, 15/1c

• Süden, der (nur Sing.)   L1, 14/1

• Supermarkt, der, -märkte   L2, 28/1

• Suppe, die, -n   L5, 67/2a

• Symbol, das, -e   L6, 77/1

T

• Tag, der, -e   L1, 10

• Tageszeit, die, -en   L5, 62/1b

• Tante, die, -n   L3, 42/1

• Tasse, die, -n   L4, 52/1

• Taxi, das, -s   L2, 30/1

Taxifahrer, der, -   L3, 41/4b

Taxifahrerin, die, -nen   L5, 59/3

• Tee, der (nur Sing.)   L1, 13/6

• Telefon, das, -e   L3, 39/1

Telefongespräch, das, -e   L6, 71/3

• telefonieren   L6, 71/3

Telefonnummer, die, -n   L1, 18/1b

• Teller, der, -   L5, 66/1

• Tennis, das (nur Sing.)   L3, 38/1

• Tennis spielen   L3, 38/1

• teuer   L5, 60/1

• Text, der, -e   L1, 12/2

Texter, der, -   L6, 78/2b

• Theater, das, -   L2, 28/1

• Tipp, der, -s   L5, 67/2a

tja   L3, 38/1

• Tochter, die, Töchter   L3, 36/4a

• toll   L3, 42/1

• Tomate, die, -n   L1, 13/6

• Topf, der, Töpfe   L5, 66/1

Torte, die, -n   L2, 27/5

• Tourist, der, -en   L2, 31/3b

Touristen-Information, die, -en   L2, 30/2

• Traummann, der, -männer   L6, 79/3

• treffen   L5, 62/1a

Treffpunkt, der, -e   L6, 70

• trinken   L2, 26/1

Trockenobst, das (nur Sing.)   L5, 66/1

Tschüs!   L1, 10/2

Tunesien   L1, 12/3a

Turm, der, Türme   L2, 31/4

U

übrig bleiben   L6, 71/2

• Uhr, die, -en   L3, 38/1

Uhrzeit, die, -en   L6, 80/2

• um … Uhr   L3, 38/1

• um wie viel Uhr   L3, 44/3

• und   L1, 11/4

Ungarn   L1, 12/3a

• ungefähr   L2, 30/2

• Universität, die, -en   L2, 29/4

• unser, unsere   L3, 42/1

unsportlich   L3, 38/1

• Unterricht, der (nur Sing.)   L5, 62/1a

• unterrichten   L5, 62/1a

• Urlaub, der, -e   L1, 15/1a

• Urlaub machen   L1, 15/1a

V

• Vater, der, Väter   L3, 41/5b

Veränderung, die, -en   L6, 72/1a

Verb, das, -en   L1, 20/1

verbessern   L5, 163/5

• verbinden   L4, 47/2a

• Vergangenheit, die (nur Sing.)   L6, 79/3

• vergessen   L5, 67/2a

• verheiratet   L3, 36/4a

• verkaufen   L4, 47/2a

• Verkäufer, der, -   L5, 59/3

• Verkäuferin, die, -nen   L5, 58/1

• verstehen   L1, 11/4

• Verwandte, der, -n   L6, 74/2a

• viel   L1, 15/1b

• viele   L1, 10/1

• Vielen Dank!   L2, 30/1

• vielleicht   L1, 14/1

• Viertel vor/nach (drei)   L6, 80/1

Vietnam   L1, 12/3a

Visitenkarte, die, -n   L1, 19/2

Vokal, der, -e   L1, 16/6a

• Volkshochschule, die, -n   L5, 62/1a

• voll   L2, 22/1a

• von   L2, 22/1a

• von … bis   L5, 63/6

von … nach   L2, 22/1

- vorbei (sein)   L6, 72/1a
- vorbereiten   L5, 62/1a
  vorlesen   L3, 44/1
  Vorname, der, -n   L3, 35/2
- vorstellen   L6, 79/4c

W

  Wandel, der *(nur Sing.)*   L6, 77/1
- wann   L3, 40/1a
- warten   L2, 26/1
- warum   L2, 26/1
- was   L1, 16/5
- waschen   L5, 67/2a
- Wasser, das *(nur Sing.)*   L5, 67/2a
- wecken   L5, 62/1a
- Wein, der, -e   L1, 13/6
- weiß → wissen   L2, 29/4
- weiterfragen   L3, 36/4a
- weitermachen   L1, 12/4
- Welt, die, -en   L1, 12
  Weltkarte, die, -en   L1, 12/1
- wen   L4, 48/1a
- wer   L1, 16/3
- werden   L6, 74/1a
- Westen, der *(nur Sing.)*   L1, 14/1
- Wetter, das *(nur Sing.)*   L4, 52/2
- wichtig   L4, 50/6b
- wie *(Frage)*   L1, 11/3
- wie *(Vergleich)*   L6, 72/1a
- Wie bitte?   L1, 17/7
  wie früher   L6, 72/1a
- Wie geht's? → gehen   L2, 30/1
  wie immer   L6, 72/1a
- wie viel   L3, 44/3
- Wie viel Uhr ist es?   L6, 80/3
- wie viele   L2, 30/2
- wiederholen   L2, 32/3
- Wiedersehen! *(Kurzform von* Auf Wiedersehen!*)*
  L3, 38/1
- wir   L1, 17/7
- wissen   L2, 29/4
- wo   L1, 10/1
- Woche, die, -n   L6, 75/5b
- Wochenende, das, -n   L4, 51/1
  wofür   L5, 68/1
- woher   L1, 11/3b
- wohin   L1, 14/1
- wohl   L5, 64/1a
- wohnen   L1, 11/3b
  Wohnhaus, das, -häuser   L2, 28/1
- Wohnung, die, -en   L4, 51/1
- Wort, das, Wörter   L2, 25/7

- Wörterbuch, das, -bücher   L4, 51/3
  Wörterheft, das, -e   L4, 56/3
- Wurst, die, Würste   L4, 52/1

Z

- z. B. (= zum Beispiel)   L2, 22/1a
- Zahl, die, -en   L1, 18/1
- Zeit, die *(hier nur Sing.)*   L4, 51/3
- Zeit haben   L4, 51/3
- Zeitung, die, -en   L4, 48/1a
- Zentrum, das, Zentren   L2, 23/1a
- ziemlich   L3, 38/1
- Zitrone, die, -n   L1, 13/6
  Zitroneneis, das *(nur Sing.)*   L2, 27/5
- zu Abend essen   L5, 62/1a
- zu Fuß gehen   L2, 28/1
- zu Hause (sein)   L5, 62/1a
- zu Mittag essen   L5, 62/1a
  zu zweit   L5, 64/1a
  Zubereitung, die, -en   L5, 67/3
- Zucker, der *(nur Sing.)*   L1, 13/6
- zuerst   L5, 60/1
- zufrieden   L4, 48/1a
- Zug, der, Züge   L1, 14/1
- zum Beispiel (z.B.)   L2, 22/1a
  zum Schluss   L5, 67/2a
  zuordnen   L4, 52/1
- zurück   L4, 53/5b
- zurückkommen   L5, 62/1a
- zurückliegen   L6, 70/1
- zusammen   L3, 42/1
- zusammenpassen   L2, 25/4
  Zutat, die, -en   L5, 67/3
  zweimal   L6, 77/1
  Zypern   L1, 12/3a

Klett Edition Deutsch

Mit Erfolg zu
Start Deutsch
Übungsbuch

Hans-Jürgen Hantschel
Verena Klotz
Paul Krieger

Mit Erfolg zu Start Deutsch bereitet zielgerichtet auf die Prüfungen Start Deutsch 1 und 2 vor. Für den Unterricht und für Selbstlerner geeignet.

Mit Erfolg zu Start Deutsch

macht fit für die neue Prüfung auf den Stufen A1 und A2 des Gemeinsamen europäischen Referenzrahmens

Das Übungsbuch enthält

– den für die Prüfung Start Deutsch1 und Start Deutsch 2 notwendigen Wortschatz in thematischen Kontexten
– die grammatischen Strukturen, die zur Ausführung sprachlicher Handlungen auf den Stufen A1 und A2 notwendig sind
– die Fertigkeiten Lesen, Hören, Schreiben und Sprechen

Das Testbuch bietet

– je einen didaktisierten Modelltest zum Training aller Prüfungsteile von Start Deutsch 1 und Start Deutsch 2
– vier komplette Prüfungen zum Üben
– alle prüfungsrelevanten Aufgabentypen

Die Kassette oder Audio-CD enthält

– alle Hörtexte zum Übungsbuch und zum Testbuch

Übungsbuch, 184 Seiten	3-12-675395-7
Testbuch, 120 Seiten	3-12-675394-9
2 CDs, ca. 90 Min.	3-12-675396-5
1 Kassette, ca. 90 Min.	3-12-675398-1

Bestellung und Beratung bei Klett:
Ernst Klett Sprachen, Postfach 10 60 16,
70049 Stuttgart, Deutschland
Telefon +49 +711 · 6672-1010, Fax +49 +711 · 6672-2080
www.klett-edition-deutsch.de

S675910

Grammatik in 99 Schritten

In 99 Schritten zum Zertifikat Deutsch – für den Unterricht und zum Alleinlernen

Klipp und Klar
Übungsgrammatik Grundstufe Deutsch

Klar und übersichtlich:
99 Doppelseiten erklären und üben 99 Grammatikkapitel.

Einfache Regeln:
Jeder Lerner kann die Grammatik-erklärungen verstehen.

Praxisnah:
Zahlreiche Übungen sind kleine Texte und Dialoge aus dem Alltag. Sie zeigen, wie und wann man die Grammatik benutzt.

Systematisch:
Die Grammatikthemen kommen in der gleichen Reihenfolge wie im Unterricht: Die ersten Kapitel sind leicht – auch der Wortschatz ist einfach – dann kommt Schritt für Schritt ein bisschen mehr dazu. *Klipp und Klar* lässt sich deshalb parallel zu jedem Grundstufen-Lehr-werk benutzen.

Prüfungsrelevant:
Alle wichtigen Grammatikthemen der Prüfung Zertifikat Deutsch wer-den geübt.

Nützlich:
– mit vielen Bildern, die
  die Grammatik darstellen
– mit Lerntipps, Grammatiktabellen
  und Register
– mit Lösungen

Klipp und Klar
mit Lösungen, 256 S.   3-12-675326-4
ohne Lösungen, 232 S.   3-12-675328-0

Bestellung und Beratung bei Klett:
Ernst Klett Sprachen, Postfach 10 26 45, 70022 Stuttgart
Telefon 07 11 · 66 72-10 10, Telefax 07 11 · 66 72-20 80
www.klett-edition-deutsch.de

S675910

Quellennachweis

S. 12: Weltkarte: Klett-Perthes, Gotha • S. 22: Fotos: Nordsee-Tourismus-Service GmbH, Husum; Hansestadt Rostock (Irma Schmidt); Fotoarchiv (Edgar Zippel), Essen; KED • S. 23: Fotos: KED (Foto 1 und 2); Peter Butz, München • S. 24: Fotos: KED • S. 25: Deutschlandkarte (Vignette): Klett-Perthes, Gotha S. 26: Fotos: Helga Lade, Frankfurt; Huber, Garmisch-Partenkirchen; Mauritius (Benelux Press), Stuttgart • S. 28: Fotos: Helga Lade, Frankfurt; Fotoarchiv (Manfred Vollmer), Essen • S. 29: Fotos: KED • S. 30: Foto: KED; Logo: Köln Tourismus Office • S. 47: Foto: Karl-Heinz Raach, Merzhausen • S. 48: Foto: Karl-Heinz Raach, Merzhausen • S. 49: Vignette: Karl-Heinz Raach, Merzhausen • S. 53: Foto: Karl-Heinz Raach, Merzhausen • S. 54: Foto: Karl-Heinz Raach, Merzhausen • S. 58: Foto: Tourismus-Zentrale, Hamburg • S. 60: Fotos: KED; Anna Heyken, Wingst; Tourismus-Zentrale, Hamburg • S. 61: Vignette: Tourismus-Zentrale, Hamburg • S. 70: Fotos: Deutsche Luftbild, Hamburg; Marion Butz, Stuttgart; Logo: Gosenschenke „Ohne Bedenken", Leipzig • S. 71: Fotos: Leipzig Tourist Service e. V. (Schmidt) (Fotos A und D); Kaffeehaus Riquet, Leipzig; Gosenschenke „Ohne Bedenken", Leipzig; Text: Gosenschenke „Ohne Bedenken", Leipzig • S. 73: Vignette: Deutsche Luftbild, Hamburg • S. 74: Foto: Sabine Scharr, Geradstetten • S. 77: Fotos: Leipzig Tourist Service e. V. (Fischer); dpa (Wolfgang Kluge), Stuttgart; Leipzig Tourist Service e. V. (Giese); Leipziger Messe GmbH • S. 78: Foto: Andreas Kunz, Stuttgart • S. 82/83: Hintergrundbild und Vignette: Bildagentur Huber (Giovanni) • S. 82: Auszüge aus dem Prospekt: Hotel Amadeus, A-Salzburg • S. 84, 85, 86: Fotos: Horst Weber, Dublin/KED • S. 89: Karte: Tourismus Salzburg GmbH, A-Salzburg • S. 92: Familie Mozart: AGK Berlin; Foto: Horst Weber/KED • S. 94/95: Hintergrundbild und Vignette: Bildagentur Huber (S. Damm), Garmisch-Partenkirchen • S. 94: Foto 1: Mauritius Die Bildagentur (Vidler), Stuttgart; Foto 2: Mauritius Die Bildagentur (Waldkirch), Stuttgart • S. 95: Foto 3: Stockfood Photo Stock Agency (K. Newedel), München; Foto 4: Stadtarchiv Nürnberg; Foto 5: AKG, Berlin; Foto 6: Renate Köhl-Kuhn, Michelbach • S. 96: Bildagentur Huber (R. Schmid), Garmisch-Partenkirchen • S. 100: Foto: Renate Köhl-Kuhn, Michelbach; Zeichnungen: Regina Krawatzki, Stuttgart • S. 102: Mauritius Die Bildagentur (Hackenberg), Stuttgart • S. 106/107: Hintergrundbild und Vignette: Klammet, CH-Ohlstadt • S. 106: Landkarte: Klett-Perthes, Gotha; Foto: Horst Weber, Dublin/KED • S. 107: Sprachgebietskarte: KED; Foto: Horst Weber, Dublin/KED • S. 108: KED • S. 109, 110, 112, 116: Fotos: Horst Weber, Dublin/KED • S. 118: Foto 1: KED; Foto 2: Yüksel Polat, Murrhardt • S. 119: Foto 4: Thomas Lennertz, Martinsried; Foto 5: KED • S. 120: Foto 1: Westfälisches Industriemuseum (M. Holtappels), Dortmund; Foto 2: Zeche Helene, Zentrum für Sport und Freizeit, Essen • S. 121: Zeche Helene, Zentrum für Sport und Freizeit, Essen • S. 122, 125, 126: Fotos: KED • S. 126: Foto R. Pokanski: Markus Biechele, Bad Krozingen

Alle übrigen Fotos: Jürgen Leupold, Stuttgart
Alle übrigen Zeichnungen: Dorothee Wolters, Köln

Trotz intensiver Bemühungen konnten nicht alle Rechte-Inhaber ermittelt werden. Für entsprechende Hinweise ist der Verlag dankbar.